Namnet på denna bok kommer från komedifilmen "The Gods Must Be Crazy" [Gudarna Måste Vara Galna] från 1980, där en tom Coca–Colaflaska kastas ut från ett flygplan till ett samhälle av afrikanska bushmän. Flaskan är tolkad som en gåva från gudarna, men efter att den leder till strider bland byborna bestämmer sig stamledarna för att återlämna flaskan till gudarna genom att ha en av byns äldre resa till världens ände för att kasta flaskan över kanten. Genom min egen metaforiska Colaflaska kan jag se början på ett nytt imperium. Denna bok fungerar som ett testamente till mina åsikter om att återställa det nuvarande imperiet (kapitalism och företagsamhet) innan det är för sent.

BÖN FÖR ATT ÅTERFÖRA ROOSEVELT TEMPLET

"Och de kom till Jerusalem. Och han gick in i templet och började driva ut dem som sålde och de som köpte i templet, och han välte bord för penningväxlarna och sätena för dem som sålde duvor. Och han tillät ingen att bära något genom templet. Och han undervisade dem och sade till dem:
"Är det inte skrivet, 'Mitt hus skall kallas ett bönehus för alla nationer'?
Men du har gjort det till en håla av rånare." Och översteprästerna och de skriftlärda hörde detta och sökte ett sätt att förgöra honom, för de fruktade honom, eftersom hela folkmassan var förvånad över hans undervisning."
(Markus 11:15–18, ESV)

www.Tiger-Rider.com

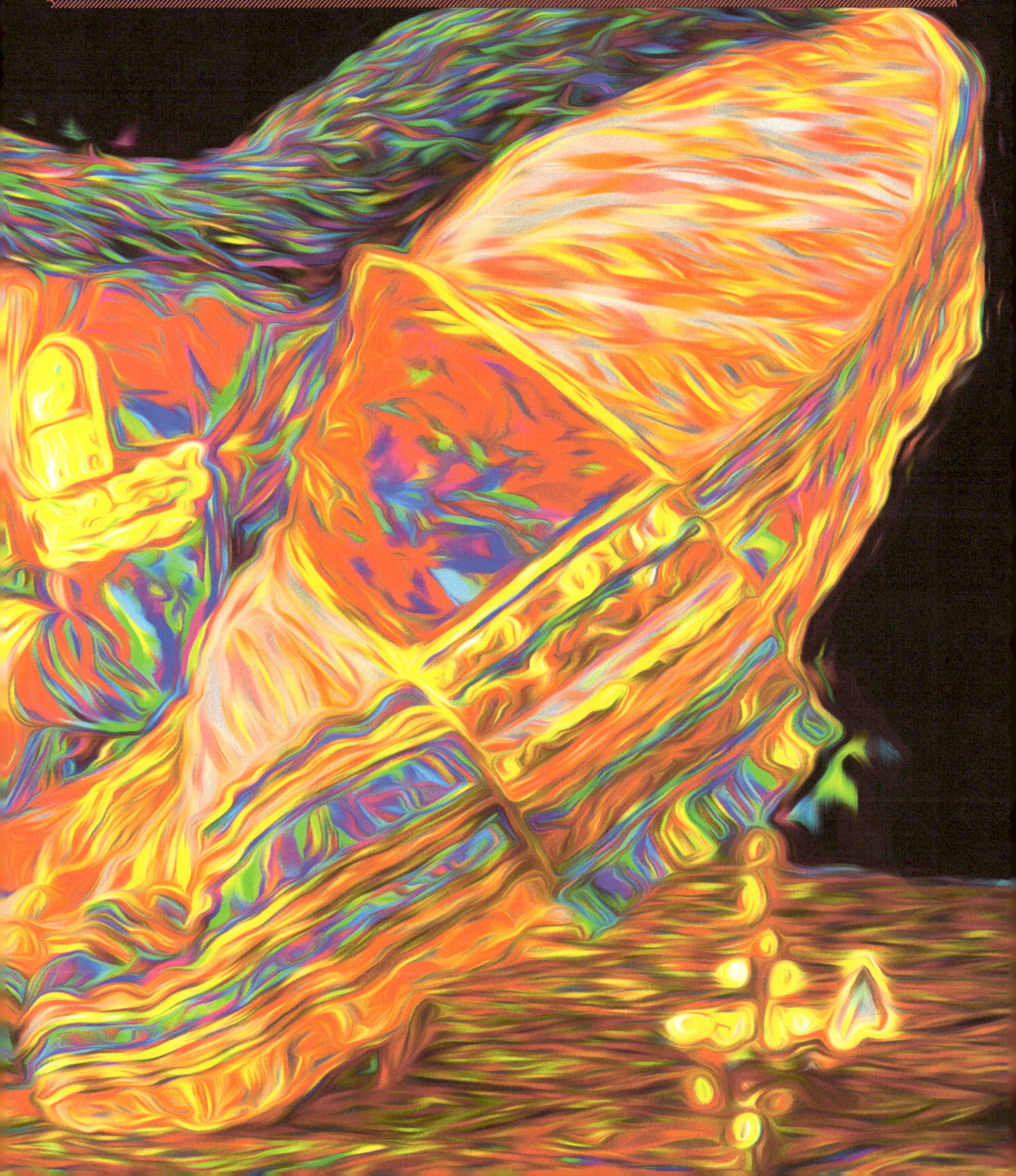

> **"Om det inte finns säkerhet här hemma, kan det inte finnas varaktig fred i världen."**
>
> — Franklin Delano Roosevelt (FDR)

Som jag skriver detta bryter *anarkin* ut; ett *inbördeskrig* pågår precis framför mitt hem i hjärtat av Chicago. Citerar ett inspelat samtal från Chicagos stadsfullmäktige, "det är *'en virtuell krigszon'* där *'gängmedlemmar beväpnade med AK–47:or hotade att skjuta svarta människor. De skjuter mot polisen.'"*

Under tiden, på borgmästarens kontor, stadsfullmäktiges inspelade strategidiskussion som var avsedd att lösa problemet, övergick till en svordomsfylld skrikande match som påminner om Chiraq[1] bananrepubliken[2]. Jag undrar hur framtiden ser ut för oss om de här förplankade fönstren[3] skulle hända med mitt hundraårshus? Även ett av de mest utsökta och ikoniska elfenbenstornen i världen (Britannicas sista högkvarter), skyddat av en privat milis, verkar vara otryggt.

Jag tog *One Shared World* [*en gemensam värld*] löftet att vara en förespråkare och en skyddare, inte bara för mitt älskade USA utan för mänskligheten i stort. Jag anser att det är mitt moraliska ansvar att utbilda andra om en prediktiv, förebyggande och lyhörd infrastruktur som kan skydda oss från gemensamma existentiella hot.

INNEHÅLLSFÖRTECKNING

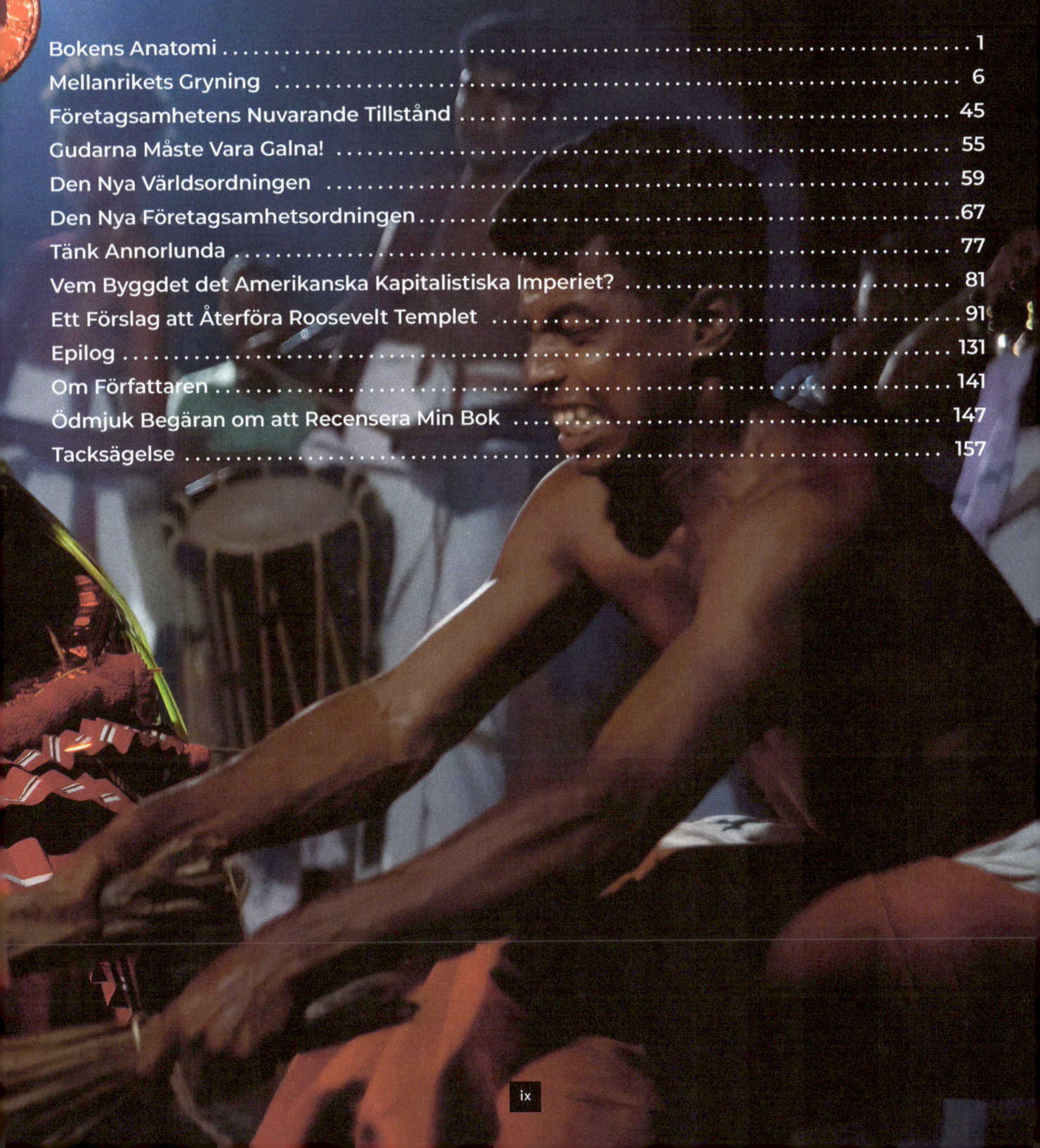

BOKENS ANATOMI
MELLANRIKETS FÖRESTÅENDE UPPGÅNG

★★★★★★★★★★★★★★★★★★★★★★★★★★★★★★★★★★★★★★★

Mellanrikets Gryning

Vårt imperium är hotat, och förekomsten av dess företagsamhetsobjekt hotas tillsammans med det. Om vi inte spelar våra kort rätt kommer nästa glupska imperium (Mittenriket[4]) snart att skicka sina springpojkar för att samla in räkningar från USA och över hundra andra länder som det har koloniserat ekonomiskt sedan den ekonomiska tsunamin 2008.

Gudarna Måste Vara Galna.

I bokens första avsnitt berättar jag om min tigerfärd genom verklighetens förvrängda fält; från kommunismens vagga i öst till kapitalismens katakomber i väst. Detta skildras mot bakgrund av Hernando de Sotos bok, 'The Mystery of Capital: Why Capitalism Triumphs in the West and Fails Everywhere Else'.

★★★★★★★★★★★★★★★★★★★★★★★★★★★★★★★★★★★★★★★

The Gods Must be Crazy!

The Rise & Fall Measures of Empires

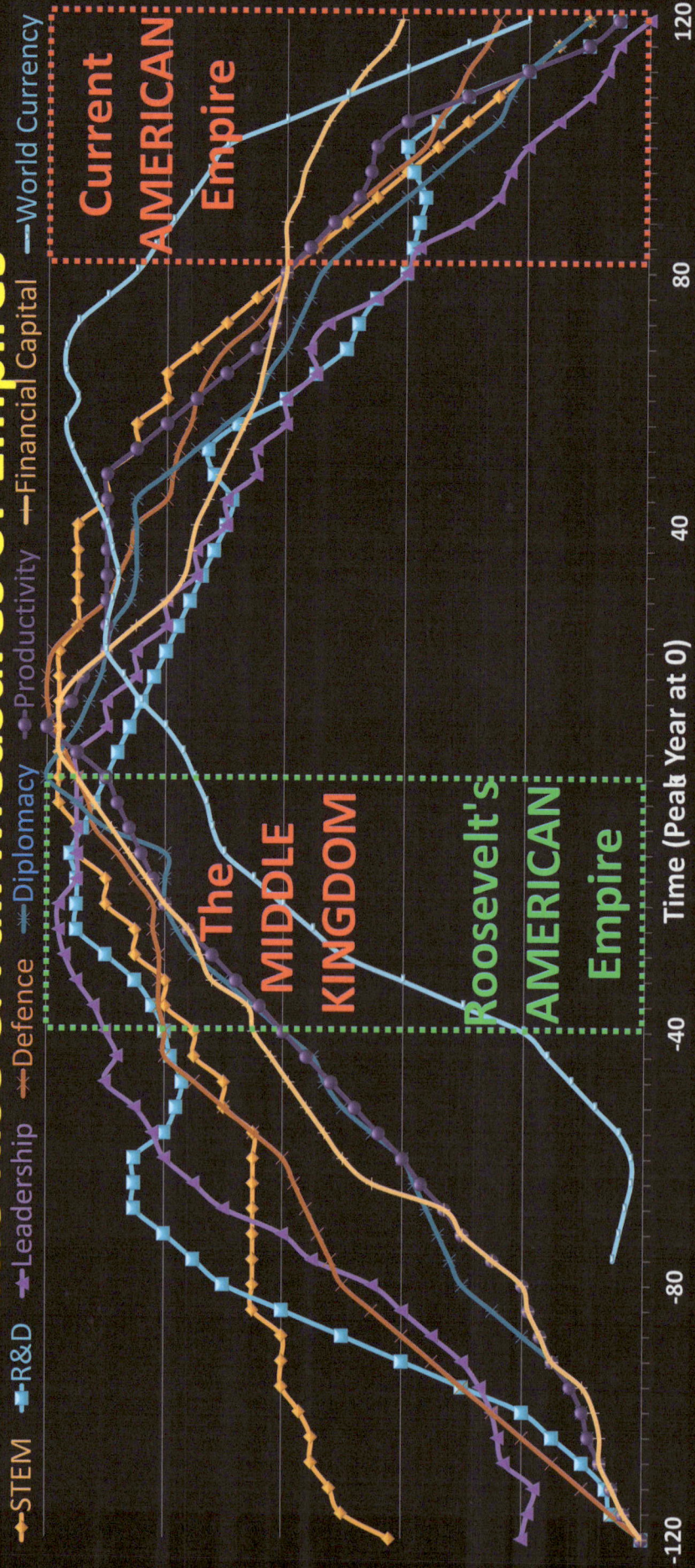

Legend: STEM · R&D · Leadership · Defence · Diplomacy · Productivity · Financial Capital · World Currency

Current AMERICAN Empire

The MIDDLE KINGDOM

Roosevelt's AMERICAN Empire

Time (Peak Year at 0)

-120   -80   -40   0   40   80   120

Ett Förslag för att Återföra Roosevelt Templet

I bokens andra avsnitt anpassar jag *The New Normal* [*Det Nya Normala*] från *Empire to Enterprise* perspektiv för att förklara hur man räddar oss från det förestående fjärde riket[5]. Ett företags överlevnad är sammanflätat med uppkomsten och fallet av dess sponsrande gudfäder, världens imperier – som vi har bevittnat under de senaste fem århundradena, med de mest framstående företagen som de nederländska[6] och brittiska[7] ostindiska företagen.

Jag gräver graven av kapitalismens stomme och föreslår min föreskrift att ta tillbaka den gamla goda Roosevelts *New Deal*[8] för att skona oss från det fjärde riket. Jag försvarar min hypotes att många företag är ett snatter av finanstekniska grodor, beroende av skulder, som simmar i ljummen ormolja[9].

★★★

The Gods Must Be Crazy!

Gaggle of Financial-Engineering Frogs in Debt

Nonfinancial Corporate Business; Debt Securities; Liability, Level (**Trillion $**)

Source: Board of Governors of the Federal Reserve System(FRED, Q1 2021)

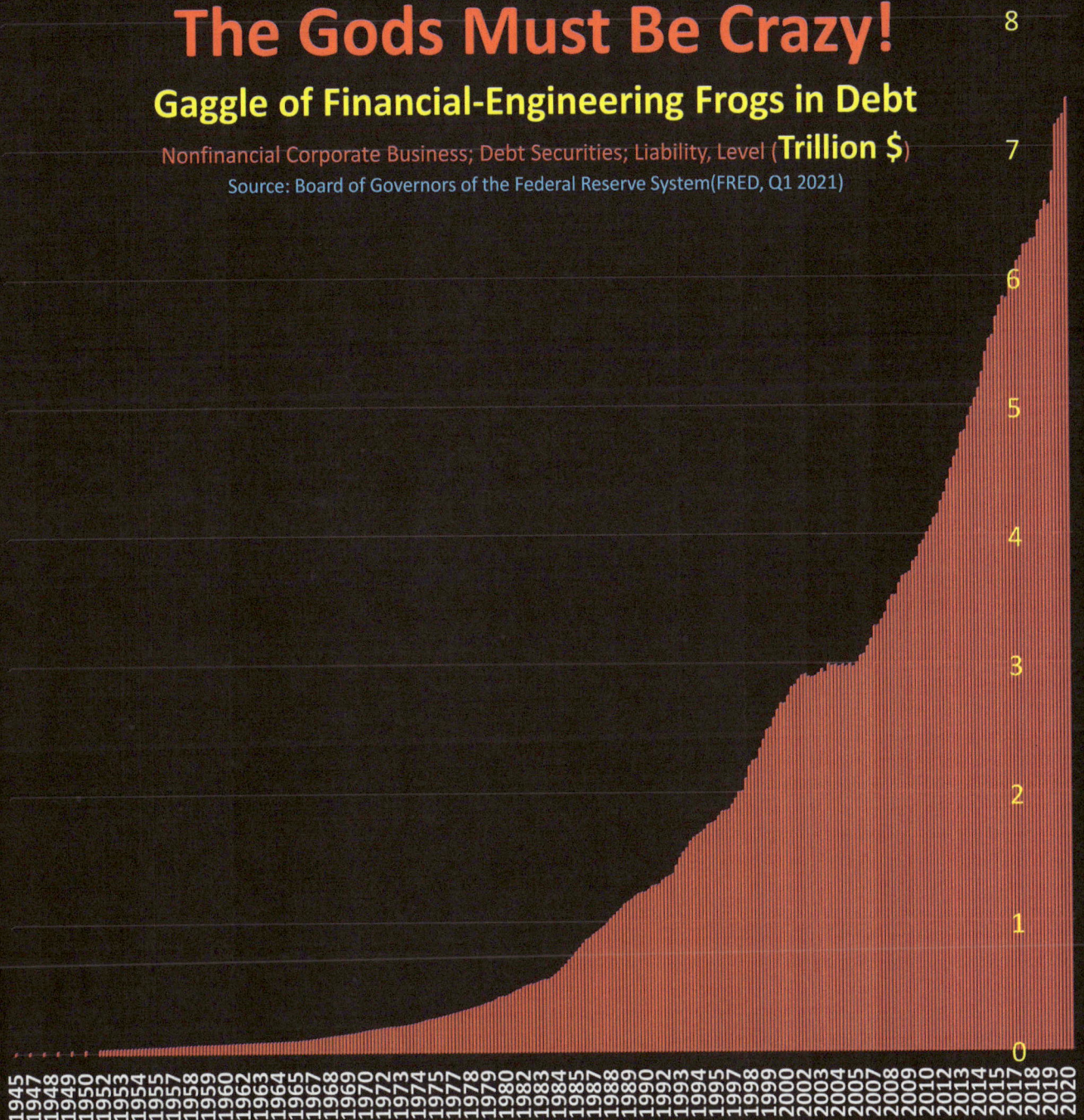

När tidvattnet gått ut kommer många av dessa företag att möta sitt smutsiga öde i händerna på IP (Intellectual Property = immateriella rättigheter) gamar som Kina, som visas i diagrammet nedan:

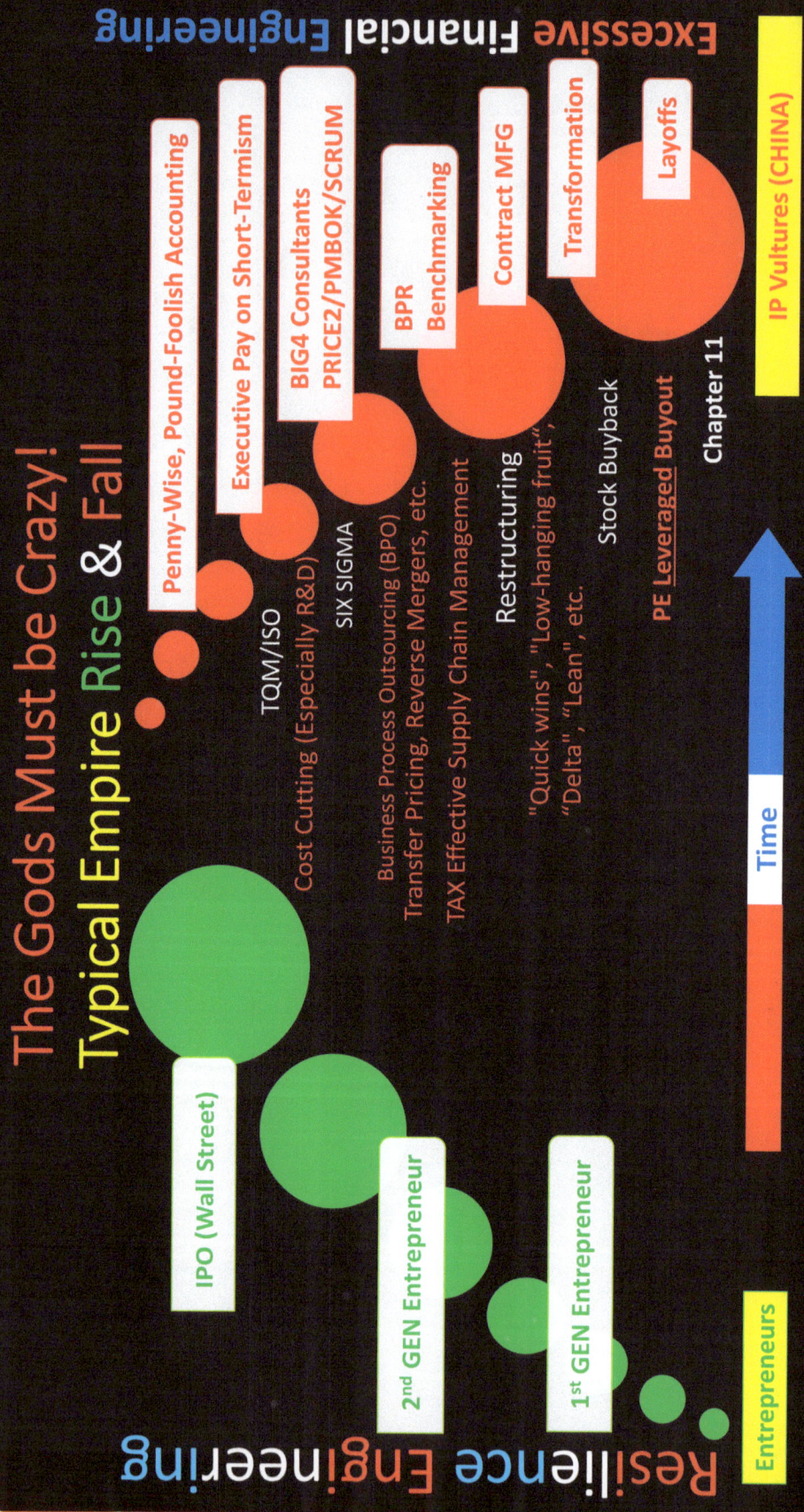

The Gods Must be Crazy!
Typical Empire Rise & Fall

Excessive Financial Engineering

- Penny-Wise, Pound-Foolish Accounting
- Executive Pay on Short-Termism
- TQM/ISO
- BIG4 Consultants PRICE2/PMBOK/SCRUM
- SIX SIGMA
- Cost Cutting (Especially R&D)
- Business Process Outsourcing (BPO)
- Transfer Pricing, Reverse Mergers, etc.
- TAX Effective Supply Chain Management
- BPR Benchmarking
- Contract MFG
- Restructuring
- "Quick wins", "Low-hanging fruit", "Delta", "Lean", etc.
- Transformation
- Layoffs
- Stock Buyback
- PE Leveraged Buyout
- Chapter 11
- IP Vultures (CHINA)

Time

- IPO (Wall Street)
- 2nd GEN Entrepreneur
- 1st GEN Entrepreneur
- Entrepreneurs

Resilience Engineering

Ay Yi Yai Yi! We are in the middle of The New World Order!

MELLANRIKETS GRYNING

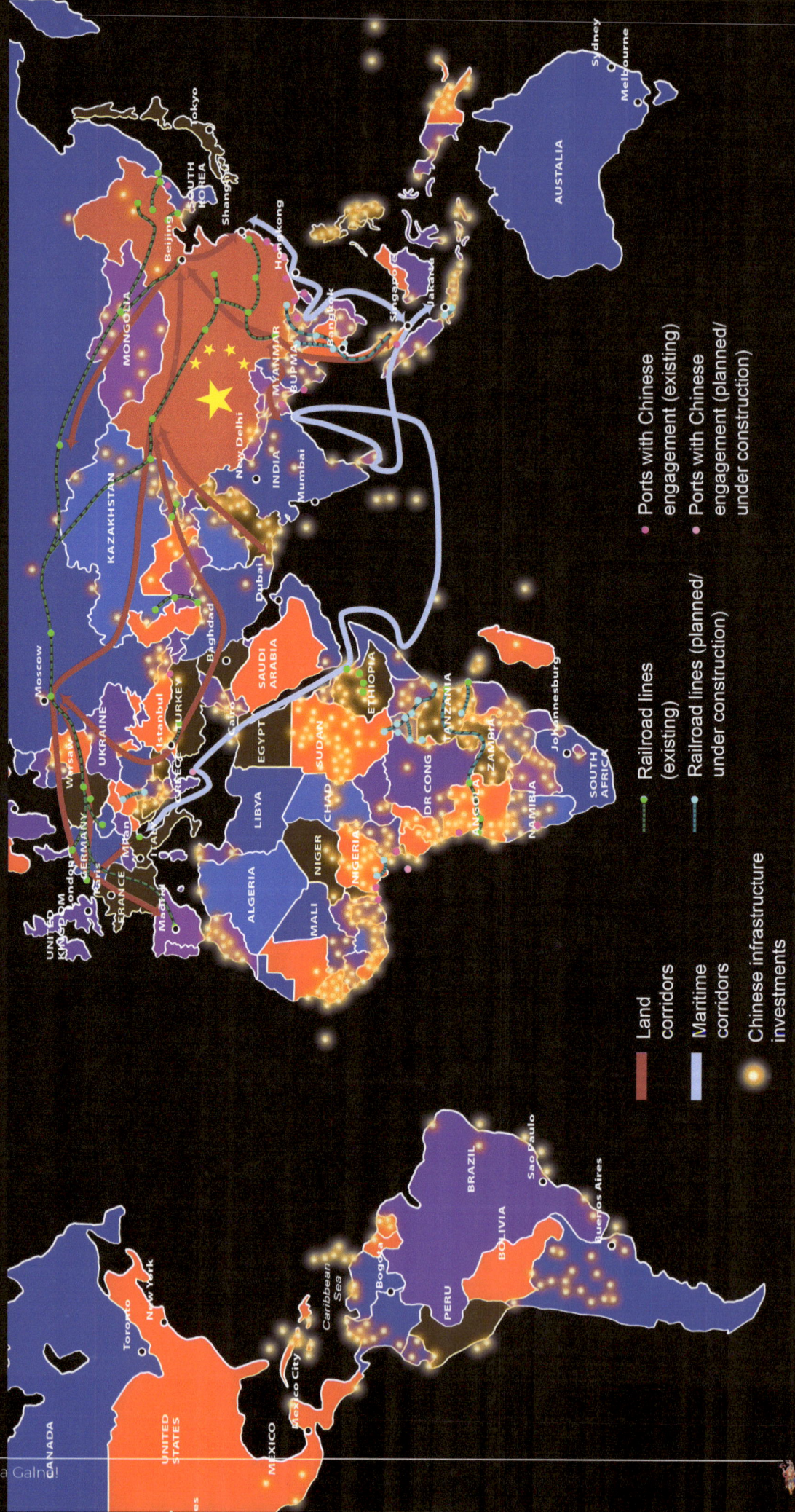

Legend:

- **Ports with Chinese engagement (existing)**
- **Ports with Chinese engagement (planned/ under construction)**
- **Railroad lines (existing)**
- **Railroad lines (planned/ under construction)**
- **Land corridors**
- **Maritime corridors**
- **Chinese infrastructure investments**

Map labels: CANADA, UNITED STATES, MEXICO, New York, Toronto, Mexico City, BRAZIL, BOLIVIA, PERU, Sao Paulo, Buenos Aires, Bogota, Caribbean Sea, UNITED KINGDOM, FRANCE, GERMANY, London, Paris, Madrid, Milan, Warsaw, Moscow, UKRAINE, KAZAKHSTAN, MONGOLIA, CHINA, SOUTH KOREA, Tokyo, Beijing, Shanghai, Hong Kong, Singapore, Bangkok, Jakarta, MYANMAR, BURMA, New Delhi, INDIA, Mumbai, Dubai, Baghdad, TURKEY, Istanbul, GREECE, Cairo, SAUDI ARABIA, EGYPT, LIBYA, ALGERIA, MALI, NIGER, CHAD, NIGERIA, SUDAN, ETHIOPIA, DR CONG, ANGOLA, ZAMBIA, TANZANIA, NAMIBIA, SOUTH AFRICA, Johannesburg, AUSTRALIA, Sydney, Melbourne

> "Krigskonsten är av avgörande betydelse för staten.
> Det handlar om liv och död, en väg antingen till säkerhet eller till ruin.
> Därför är det en fråga om undersökning som under inga omständigheter kan försummas."
>
> Sun Tzus Krigskonsten [The Art of War] (cirka 476–221 f.Kr.)

Gods Must Be Crazy!
Conservative Estimate of Chinese Debt + Equity

Source: CHINA'S OVERSEAS LENDING, Sebastian Horn, Carmen Reinhart and Christoph Trebesch, KIEL WORKING PAPER NO. 2132)

Note: China's activities are secretive and captured only about 50% of total Chinese overseas loans. Includes debt claims from direct lending, trade advances, FDI debt instruments and portfolio holdings of foreign bonds and equity claims from foreign direct investment and portfolio holdings of foreign equity instruments.

In percent
of recipient GDP

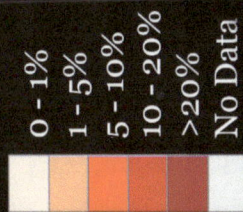

- 0 - 1%
- 1 - 5%
- 5 - 10%
- 10 - 20%
- >20%
- No Data

Kina, Mellanriket, också kallat det Mellersta Kungariket, väntar ivrigt på att vi ska felspela våra utslitna trumfkort så att de kan skicka sina prisjägare för att återställa notan från USA och över hundra andra länder[10]. Under ett statligt skydd koloniserar kinesiska företag effektivt världen genom att ekonomiskt påverka dessa länder med minst 10 miljarder dollar i skuldfälladiplomati[11]. De nya generationerna av 'Belt and Silk Road' Initiativet[12] och andra högteknologiska infrastrukturmegaprojekt är framstående exempel på den kinesiska trojanska hästen i det 21:a århundrandet. Vissa av dessa parasitiska och ohållbara skuldfälladiplomatier kan dölja hegemoniska motiv och utmaningar för statens suveränitet. De är tvingade till att stödja Kinas geostrategiska intressen och militära dimensioner.

"Jämfört med Kinas pre–eminenta status i världshandeln är dess roll i den globala finanssektorn dåligt förstådd....
Kinas kapitalexport bygger en ny databas med 5000 lån och bidrag till mer än 150 länder, 1949–2017.
Vi konstaterar att 50 % av Kinas utlåning till utvecklingsländerna inte rapporteras till IMF enligt uppskattning från 2020 IMF [International Money Fund = Internationella Pengafonden] eller Världsbanken.
Dessa "dolda skulder" snedvrider policyövervakning, riskprissättning och analyser av skuldhållbarhet.
Eftersom Kinas utlandsutlåning nästan helt är officiell (statskontrollerad), gäller inte standard "push" och "pull" [tryck och drag] drivande av privata gränsöverskridande flöden på samma sätt."

Kiel Institutet för Världsekonomin (2020)

Enligt KIEL:s rapport uppskattas Kinas totala finansiella fordringar utanför landets gränser från och med 2017 till mer än 8 % av världens BNP. Kineser har obligationer, och enbart statskassan är värd minst 7 % av USA:s BNP, 10 % av Tysklands BNP och 7 % av Storbritanniens BNP i vart och ett av dessa länder. Kina har faktiskt ett betydande fotfäste i euroområdet som helhet och uppgår till 7 % av landets BNP (detta motsvarar 850 miljarder US–dollar i obligationer).

Kina kan utnyttja minst 5 miljarder dollar i skuldfordringar gentemot resten av världen, och andelen länder som tar emot kinas finansiella "generositet" har nästan nått 80 % från och med 2017. Denna dramatiska ökning saknar motstycke i fredstidshistorien och kan jämföras med USA:s utlåning i kölvattnet av första världskriget och andra världskriget.

Tyvärr är dessa konservativa siffror för 2017 nu föråldrade, särskilt med tanke på det ekonomiska till-ståndet i den COVID–19 pandemidrabbade världen. Effekterna av COVID–19 på Kinas accelererande utlåningar och investeringar återstår bara att se.

En gång i tiden brukade amerikansk–grundade institutioner som IMF och Världsbanken vara de stora långivarna i världen. Deras utlånings metod utövade fullständigt offentliggörande och hade en viss grad av transparens, etik, och professionalism kopplad till sig. Detta var särskilt utbrett när man för-

Medlemsstaterna i Organisationen för ekonomiskt samarbete och utveckling (OECD) i Parisklubben och andra välrenommerade institutioner som IMF och Världsbanken lånade ut pengar mer hänsynsfullt med långsiktiga förmånliga lånevillkor. Många av lånen från Parisklubben ingår i det offentliga utvecklingsbiståndet enligt OECD:s definition och har ett bidragselement på minst 25 %. Dessa lån kom ofta att omfatta löptider på upp till 30 år och nästan ingen premierisk.

Det är också allmänt känt att Kina är inblandat i underbordsavtal med mindre etiska styrande organ och miliser från länder som redan kämpar med brist på ekonomiska resurser. Dessutom distribuerar Kinas statsägda banker vanligtvis pengarna direkt till en kinesisk entreprenör som ansvarar för projektet, snarare än till den mottagande regeringen. Detta håller cirkeln sluten: användande av kinesiska entreprenörsföretag, med kinesisk arbetskraft och material, säkerställer en mer betydande fördel för Kina och mindre så för värdlandet.

Dessa underbords och slutna taktiker är en form av skuldfälladiplomati som snabbt kan ta över ägandet av tillgångar. Det är en trojansk häst för Kina, som får en hävstångseffekt och kan njuta av finansiell kolonisering men lämnar ansvaret till värdlandets skattebetalare att betala räkningen för kommande generationer. I genomsnitt är de 50 mest skuldsatta mottagarländerna nu skyldiga Kina skulder, totalt nära 40 % av den rapporterade utlandsskulden.

Kinesisk officiell utlåning kontrolleras av det kinesiska kommunistpartiet, även känt som regeringen. Två tredjedelar av utlåningsverksamheten kanaliseras via utländska dotterbolag till kinesiska banker i offshore finansiella centra. Näst intill omöjligt att spåra backas dessa lån huvudsakligen upp av borgensäkerheter och görs i största hemlighet.

En stor del av utlåningen går till ekonomiskt fattiga men resursrika länder som styrs av korrupt och odugligt ledarskap. Som följan säkras ofta räntor och amorteringar med dessa länders resurser. Till skillnad från typiska mellanstatliga lån är dessa avtal hemliga kommersiella lån med skiljedomsklausuler. Till följd av detta är återbetalningsbelopp, fallissemang, och/eller omstruktureringsinformation utanför det offentliga området.

Som ett exempel, på 1970-talet, resulterade en syndikerad låneboom i en våg av finansiella kriser i början av 1980-talet. På den tiden kanaliserade västerländska banker en stor mängd utländskt kapital till fattiga men resursrika länder i Afrika, Asien och Latinamerika. Det tog över ett decennium att lösa de ekonomiska depressioner som är förknippade med raden av suveräna fallissemang. Med korrupt ledarskap och utan mycket öppenhet eller tillsyn är många av samma länder nu utnyttjade av de kinesiska hajarna.

Nära att nå statusen pre–HIPC (Highly Indebted Poor Countries [Högt Skuldbesatta Fattiga Länder]) har vissa gått i konkurs redan före COVID–19-eran. De länder som har drabbats hårdast av COVID–19, nämligen Latinamerika och fattigare afrikanska territorier, kommer utan tvekan att kämpa att eller helt förlora förmågan att återbetala sina lån till Kina. Ekonomisk depression resulterar i en accelererad råvarunedbrytning, och resursproduktionen har också påverkats. Utan pengar och resurser är den finansiella framtiden dyster för de Kina har ett ekonomiskt grepp om.

Det ska bli intressant att se vad den kinesiska strategin efter COVID–19 kommer att bli. Hur kommer den att återkräva dessa underbords pantbankslån, undertecknade av korrupt ledarskap, och betalas i resurser som nu har nedvärderats?

Gods Must Be Crazy!

Conservative Estimate of Chinese Direct Loans (2017)

Source: CHINA'S OVERSEAS LENDING, Sebastian Horn, Carmen Reinhart and Christoph Trebesch(KIEL WORKING PAPER NO. 2132)

Note: China's activities are secretive and captured only about 50% of total Chinese overseas loans. The debt estimates are based on loan-level data. They exclude Chinese portfolio debt holdings and short-term trade debt. GDP data is from the IMF World Economic Outlook.

In percent
of recipient GDP

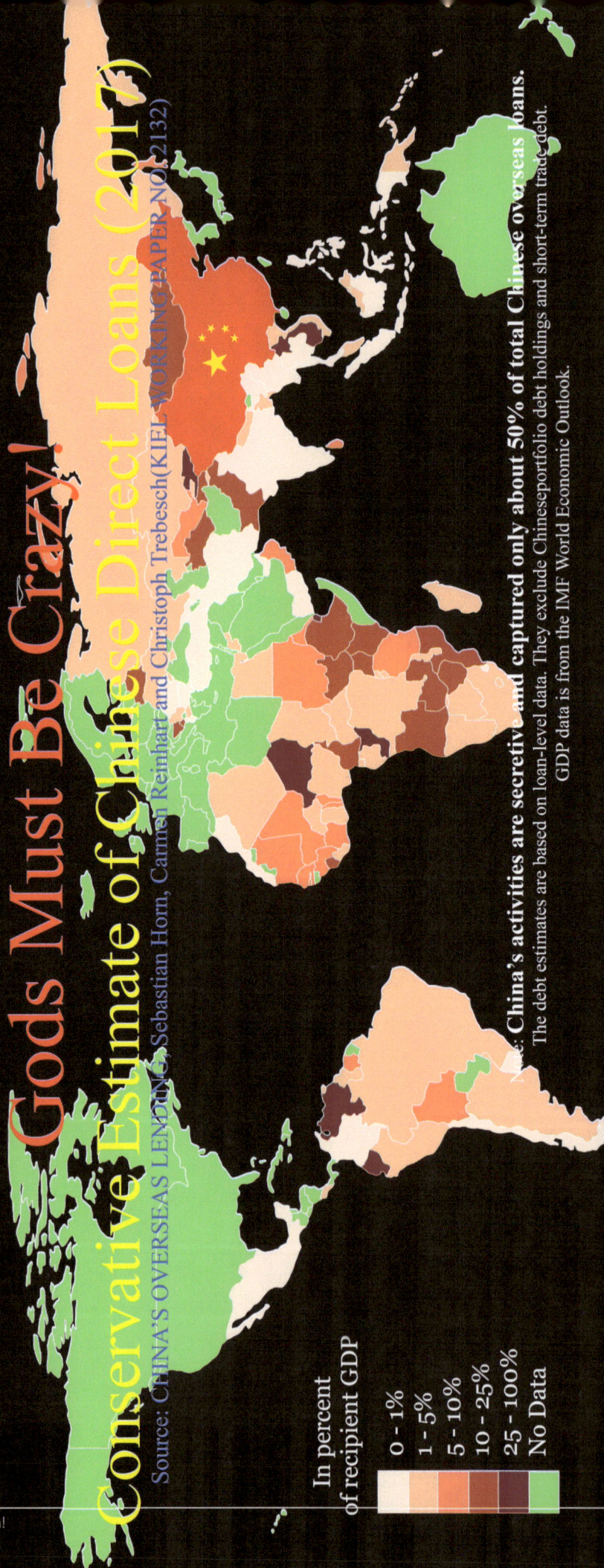

- 0 - 1%
- 1 - 5%
- 5 - 10%
- 10 - 25%
- 25 - 100%
- No Data

Efter andra världskriget i mitten av 1900-talet **donerade** USA mer än motsvarande *100 miljarder dollar* (USA:s BNP var 258 miljarder dollar), jämnt fördelat på ekonomiskt och tekniskt stöd för att hjälpa till med återhämtningen av europeiska länder. Hela världen har blomstrat från Marshallplanen[13], och fred och harmoni har regerat i 75 år. Det är hög tid att vi leder koalitionen för att upprätta *nya* Marshallplaner för att rädda de länder som Kina koloniserat ekonomiskt.

> *"Det spelar ingen roll om katten är svart eller vit, så länge den fångar möss."*
>
> Deng Xiaoping, Kinas högste ledare (1978–1989)

Digital Kolonisering

Under de senaste 75 åren har våra teknikföretag i USA kontrollerat en betydande del av världens digitala infrastruktur. Kina *utökar dock* sitt "Belt and Road Initiative" (BRI) till sin "Digital Silk Road" (DSR)[4]. Kina har undertecknat DSR-specifika avtal med många länder, och dess infrastrukturprojekt är en omstörtning, vilket gör det möjligt för Peking att öka sitt inflytande runt om i världen utan mycket konkurrens. Det är en digital bakdörr för kinesiska teknikföretag att torpedera västerländska företag. Kinesiska telekomutrustningstillverkare, lagringsinfrastruktur, och datacenterföretag sitter i förarsätet. DSR kommer också att tillhandahålla ekonomiska och digitala korridorer för exporttolkning av smarta stadssensorer och dataplattformar, vilket kan potentiellt utgöra nationella säkerhetshot.

Gods Must Be Crazy!
China's Equity Investments (2017)

Source: CHINA'S OVERSEAS LENDING, Sebastian Horn, Carmen Reinhart and Christoph Trebesch, KIEL WORKING PAPER NO. 2132)

Note: This figure shows the geographic allocation of Chinese equity investments, consisting of foreign direct investment and Chinese portfolio holdings of equity instruments issued by non-residents.

Sources: American Enterprise Institute and IMF's Coordinated Portfolio Investment Survey (CIPS).

In percent of recipient GDP

- 0 - 1%
- 1 - 3%
- 3 - 5%
- 5 - 10%
- >10%
- No Data

Det finns fyra aspekter av Kinas Digital Silk Road (DSR):

1. Digital infrastruktur som datacentra och optiska fiberkablar möjliggör futuristiska teknikplattformar som IoT (Internet of Things), 5G, och 6G.
2. Internationella institutioner som fastställer standarder, regler, och förordningar om ny teknik.
3. Fokus på e-handelsrelaterad teknik som elektroniska betalningssystem, kryptovalutor, och digitala frihandelszoner.
4. Den kinesiska strategin att "Göra Mittenriket Stort Igen" som en del av initiativet "Made in China 2025". För att uppnå detta mål har de investerat kraftigt i "Thousand Talents Plan"[15] (som tar tillbaka högteknologiska utlänningar)[16].

Statligt finansierade finansiella kvasi kinesiska företag som Huawei och ZTE[17] bygger större delen av Afrikas digitala infrastruktur. Deras fiberoptiska kablar har blivit ryggraden i Centralasiens digitala uppkoppling, DSR kommer att ge det kinesiska kommunistpartiet (CCP) en hävstångseffekt i form av kompromat[18] för att manipulera kritiskt viktiga internationella ledare och företag, vilket uppnås genom deras tillgång till känsliga data via skörd och betydande dataanalyskapacitet.

Gods Must Be Crazy!

Standing Credit Line at China's Central Bank

Source: CHINA'S OVERSEAS LENDING, Sebastian Horn, Carmen Reinhart, and Christoph Trebesch(KIEL WORKING PAPER NO. 2132)

Note: **This figure shows outstanding swap line agreements between** China's central bank (PBoC) andforeign central banks.
Red shaded countries have a standing credit line agreement with the PBoC as of 2017.
In total, China has agreements with more than 40 foreign central banks for drawing rights of 550 billion USD.
The figure also considers the multilateral swap agreements within the so called Chiang Mai initiative and within the Contingent Reserve Arrangement of BRICS countries.

The Gods Must Be Crazy!
China's Investment Strategy

Source: CHINA'S OVERSEAS LENDING, Sebastian Horn, Carmen Reinhart and Christoph Trebesch(KIEL WORKING PAPER NO. 2132)

Equity Investment

Direcrt loans

Direct loans

Portfolio Debt (sovereign bonds)

Equity Investments

Equity Investments

Direct loans

Equity investments (FDI and equity purchases)

Short-term trade debt

Advanced Economies

Emerging Economies

Low-Income Countries

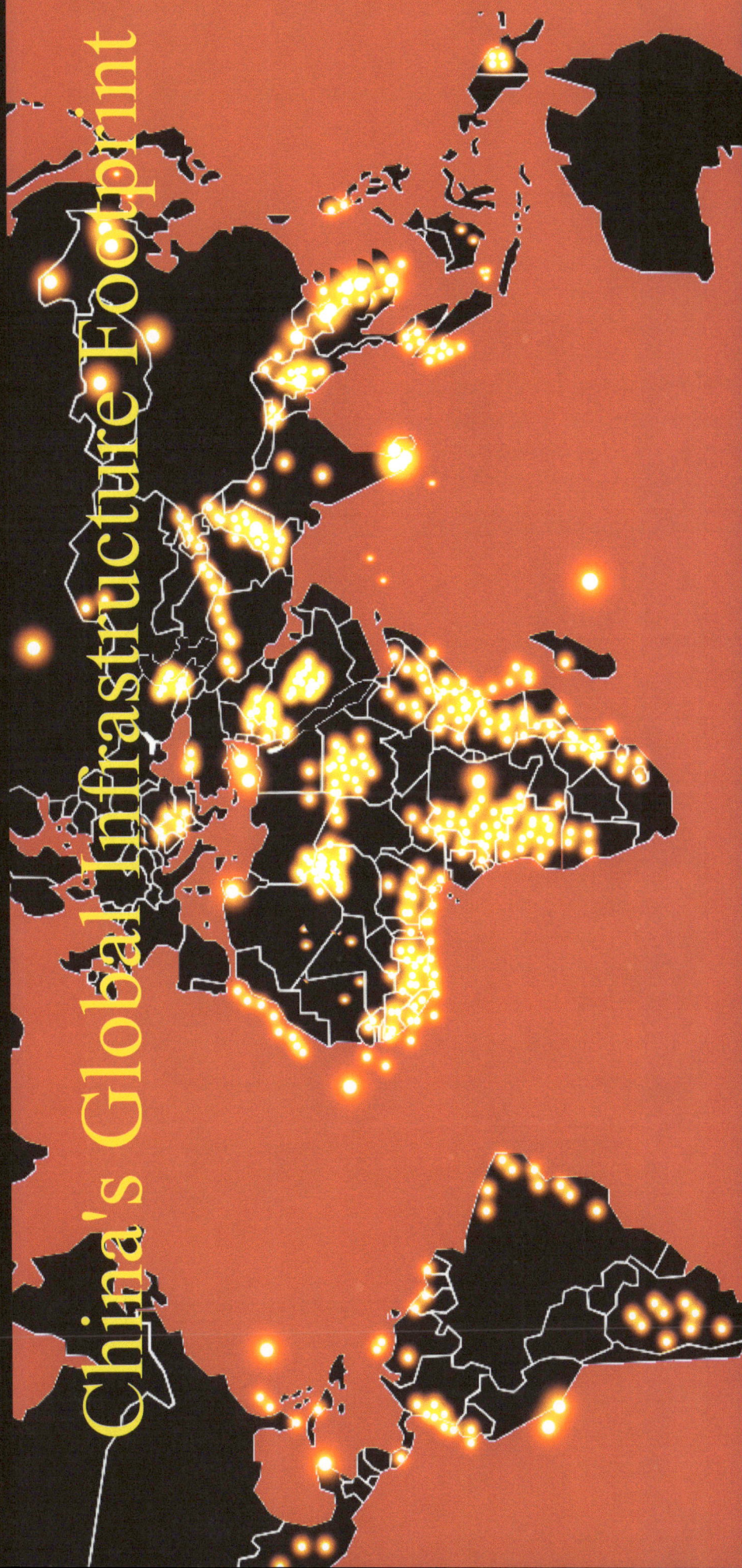

China's Global Infrastructure Footprint

Denna struktur kommer att ge CCP ett massivt politiskt inflytande. De kommer således att fastställa regler och normer för att genomföra sina politiska och auktoritära ideologier utan hänsyn till värdnationen, dess medborgare, och dess suveränitet. Kinesisk integritetsinvasiv teknik som ansiktsigenkänningsteknik och cyberspionage används redan i stor utsträckning i många länder över hela världen för att övervaka medborgare[19].

Utöver kinesisk e-handel möjliggör DSR telemedicin, internetfinansiering, och smarta städer. Den mest alarmerande aspekten av detta är att den statskontrollerade DSR kan manipulera och skörda data från sina koloniserade medborgare genom kvantberäkning, artificiell intelligens, och annan banbrytande teknik[20]. Denna information kan sedan användas till Kinas fördel, inte för folket.

"Förstår du inte? VC säger: "Försvinn, försvinn". Det är "slut" för alla vita i Indokina. Om du är fransman, amerikan, så är det samma sak. "Gå." De vill glömma dig. Titta, kapten. Titta, det här är sanningen. Ett ägg. [spricker det, dränerar äggvitan] Den vita försvann, men den gula stannar!"

Fransk kolonisatör, "Apocalypse Now"
(1979 Francis Ford Coppola film)

Konkurrenskraft

New Silk Road (den nya sidenvägen) hade det primära syftet att utvidga inflytshandlingssfären och dess investeringar i Asien genom infrastrukturframsteg som "One Belt, One Road" (OBOR) och institutioner som "Asian Infrastructure Investment Bank" (AIIB). Kinesiskt kontrollerade AIIB har det högsta kreditbetyget av de tre största kreditvärderingsinstituten i världen[21]. Under 2015 motsvarade detta Peking-baserade instituts initiala investering minst två tredjedelar av kapitalet i Asiatiska utvecklingsbanken. AIIB:s initiala investering är också ungefär hälften av Världsbankens. AIIB är ett direkt hot mot Världsbankens och IMF:s grunder.

År 1960 utgjorde den amerikanska ekonomin cirka 40 % av världens BNP. Nu är den mindre än 15 % i "Köpkraftsparitet" (PPP) efter IMF:s beräkningar för 2020. Samtidigt ökar Kinas BNP vid offentlig-privata partnerskap med 20 % och stiger ihållande.[22] Kinas BNP har mångdubblats ungefär till femton gånger sin storlek under de senaste trettio åren. Däremot har USA:s BNP bara fördubblats. Samtidigt skjuter USA:s inhemska icke-finansiella skulder i höjden. Denna siffra ligger för närvarande på 80 miljarder dollar, medan den amerikanska federala balansräkningen nu har 7 miljarder dollar i ohållbar skuld.

"Den privata sektorns inkomstbortfall – och eventuella skulder som uppkommit för att fylla klyftan – måste så småningom helt eller delvis absorberas i de offentliga balansräkningarna.

Mycket högre statsskuldsnivåer kommer att bli ett permanent inslag i våra ekonomier och kommer att åtföljas av privat skuldavskrivning."

Mario Draghi,
f.d. ordförande för Europeiska centralbanken

The Gods Must be Crazy!
The Crocodile from the Yangtze
IMF 2018 GDP in PPP (Trillion $)

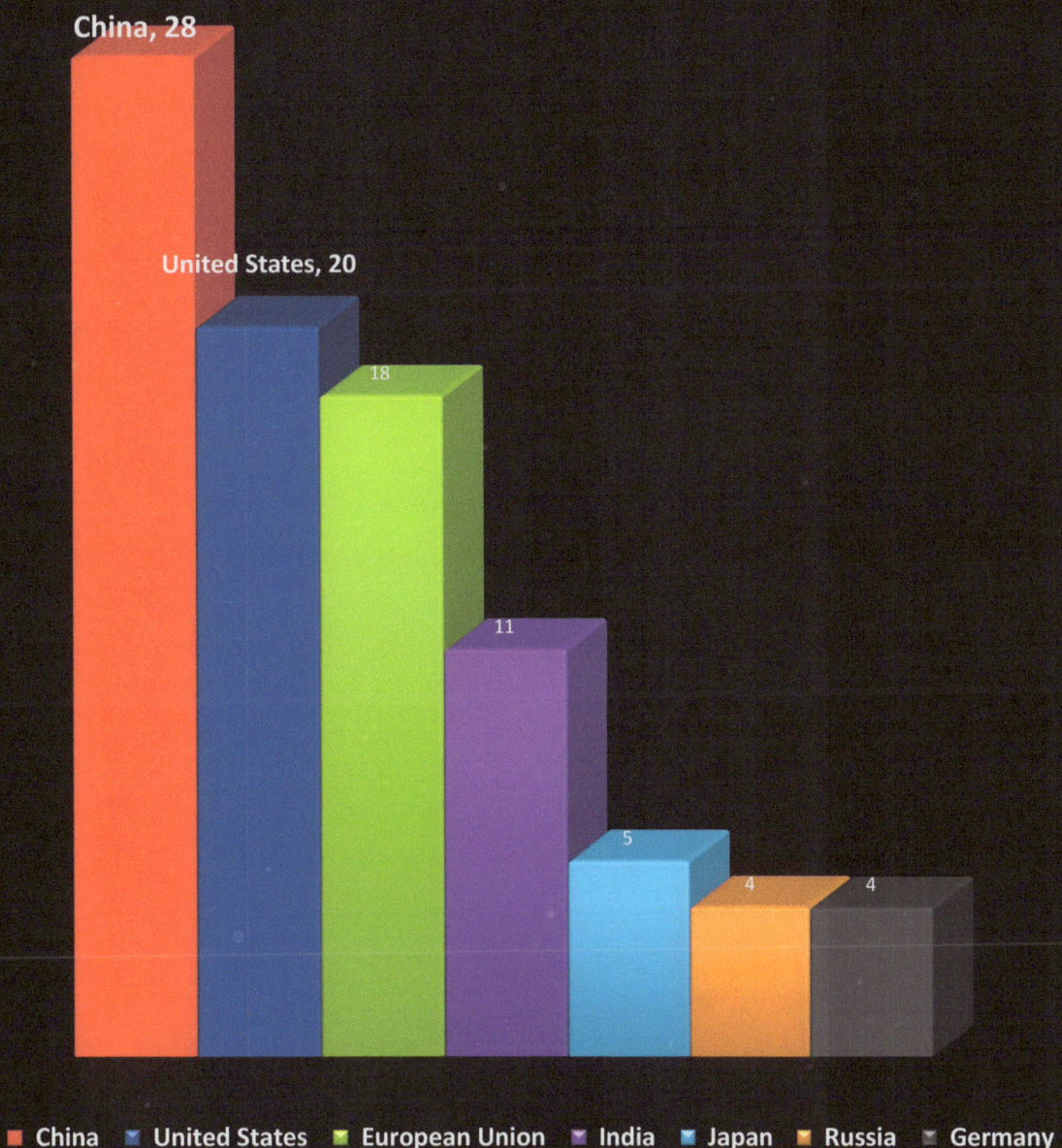

China, 28

United States, 20

18

11

5

4   4

China   United States   European Union   India   Japan   Russia   Germany

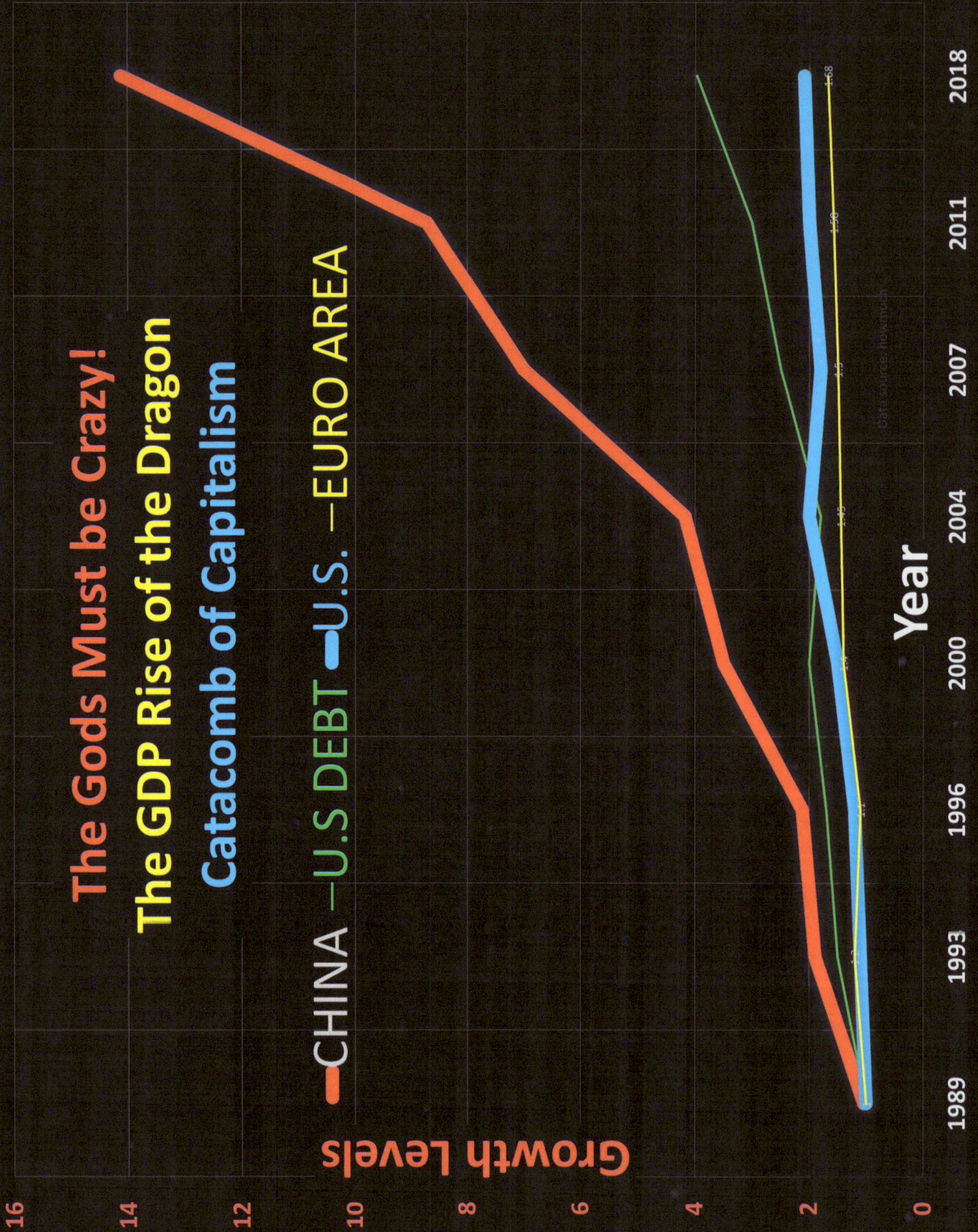

The Gods Must be Crazy!
The GDP Rise of the Dragon
Catacomb of Capitalism

CHINA — U.S DEBT — U.S. — EURO AREA

Growth Levels

Year

16 14 12 10 8 6 4 2 0

1989 1993 1996 2000 2004 2007 2011 2018

Data source: howmuch

Det finns redan en betydande frustration i samband med det patetiska lockoututförandet av COVID–19-inneslutningsåtgärder. För att lägga förolämpning till skada, en av de ekonomiska konsekvenserna av Coronavirus är accelerationen av rikedomsöverföring till toppen av pyramiden. Denna härdsmälta i den globala finansiella solvensen kan leda till ofattbara upplopp och anarki, som jag har bevittnat framför mitt hem i Chicago; det kan också utlösa globala inbördeskrig. Dessa internationella händelser kan bli mycket mer radikala än vad vi upplevde 2020 och kan i slutändan ha en djupgående inverkan på grunden för företag runt om i världen. Samtidigt hoppar Kinas företag över de gamla västerländska vakterna.

Nationell säkerhet

Under 2017 slösade vi pengar på förhistorisk militär utrustning och dyr personal, medan den kinesiska militären spenderade bara 87 % av USA:s försvarsbudget[23]. De har klokt och strategiskt spenderat för att avlägsna oss så snart som möjligt, till att börja med från deras bakgård i Asien–Stillahavs–området. Kina har över två miljoner aktiva anställda (jämfört med 1M USA), åtta miljoner reservpersonal (jämfört med 800 000 US) och över 385 miljoner ytterligare trupper tillgängliga för militären (jämfört med 73 miljoner USA). Medan kineserna intelligent har studerat alla aspekter av USA, är amerikanska medborgare mestadels okunniga om världen utanför landets gränser utanför flygplatserna och fina turistfällor. USA:s befolkning är mottaglig för infästning i sitt utmätta elfenbenstorn och gröna zoner med en kraftigt befäst, "stor, stor, stor, vacker vägg"[24,25]

Det amerikanska sjukvårdssystemet är dåligt intrikat, socialt oansvarigt, silobenäget, ohälsosamt, och världens #1 slösare (~ $ 5 miljarder årligen). Sektorn är styrd av ett gäng "medicinska karteller[26]." Läkemedels– och hälsovårdsbanditer har spenderat fem miljarder dollar på lobbying sedan 1998. Som COVID–19 har avslöjat, även enligt presidentens försvarsproduktionslag, är vi gisslan till Kina för våra egna 3M–tillverkade ansiktsmasker och grundläggande personlig skyddsutrustning (PPE).

> "I USA fylls 90 % av alla
> recept med generiska läkemedel,
> och en av tre piller som konsumeras produceras
> av en indisk generisk tillverkare.
> Indien får cirka 68 % av sina aktiva farmaceutiska ingredienser
> (API) från Kina".
>
> ——————— April 2020-studie av KPMG och Konfederation av Indisk Industri (CII) ———————

New Confirmed COVID-19 Cases per Day, normalized by population

The Gods Must be Crazy!

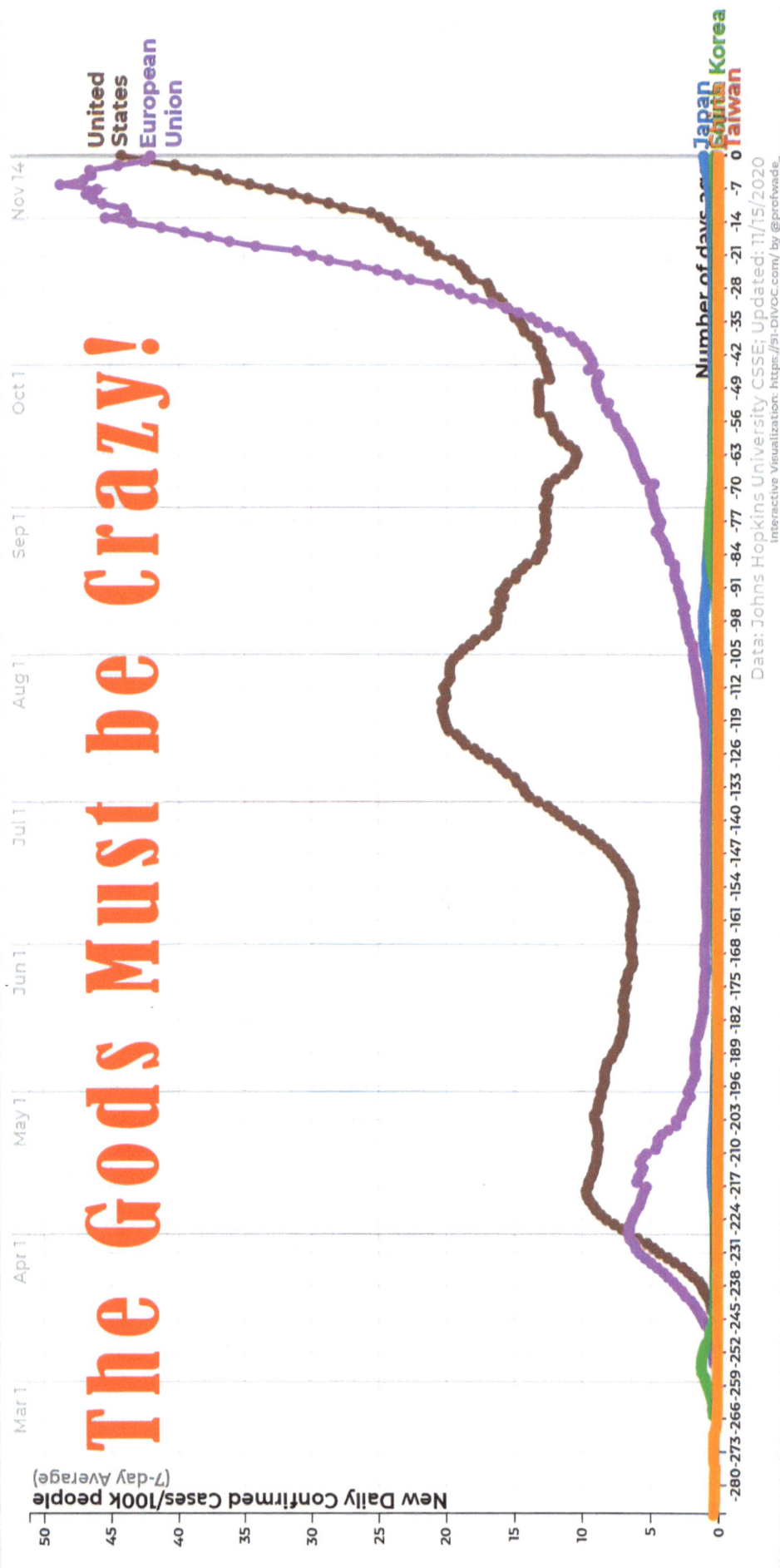

New Daily Confirmed Cases/100k people
New Daily Confirmed Cases (7-day Average)

United States
European Union
Japan
China
Korea
Taiwan

Number of days

Mar 1 Apr 1 May 1 Jun 1 Jul 1 Aug 1 Sep 1 Oct 1 Nov 14

50 45 40 35 30 25 20 15 10 5 0

0 -7 -14 -21 -28 -35 -42 -49 -56 -63 -70 -77 -84 -91 -98 -105 -112 -119 -126 -133 -140 -147 -154 -161 -168 -175 -182 -189 -196 -203 -210 -217 -224 -231 -238 -245 -252 -259 -266 -273 -280

Data: Johns Hopkins University CSSE; Updated: 11/15/2020
Interactive Visualization: https://91-DIVOC.com/ by @profwade_

The Gods Must be Crazy!
The STEM Graduates

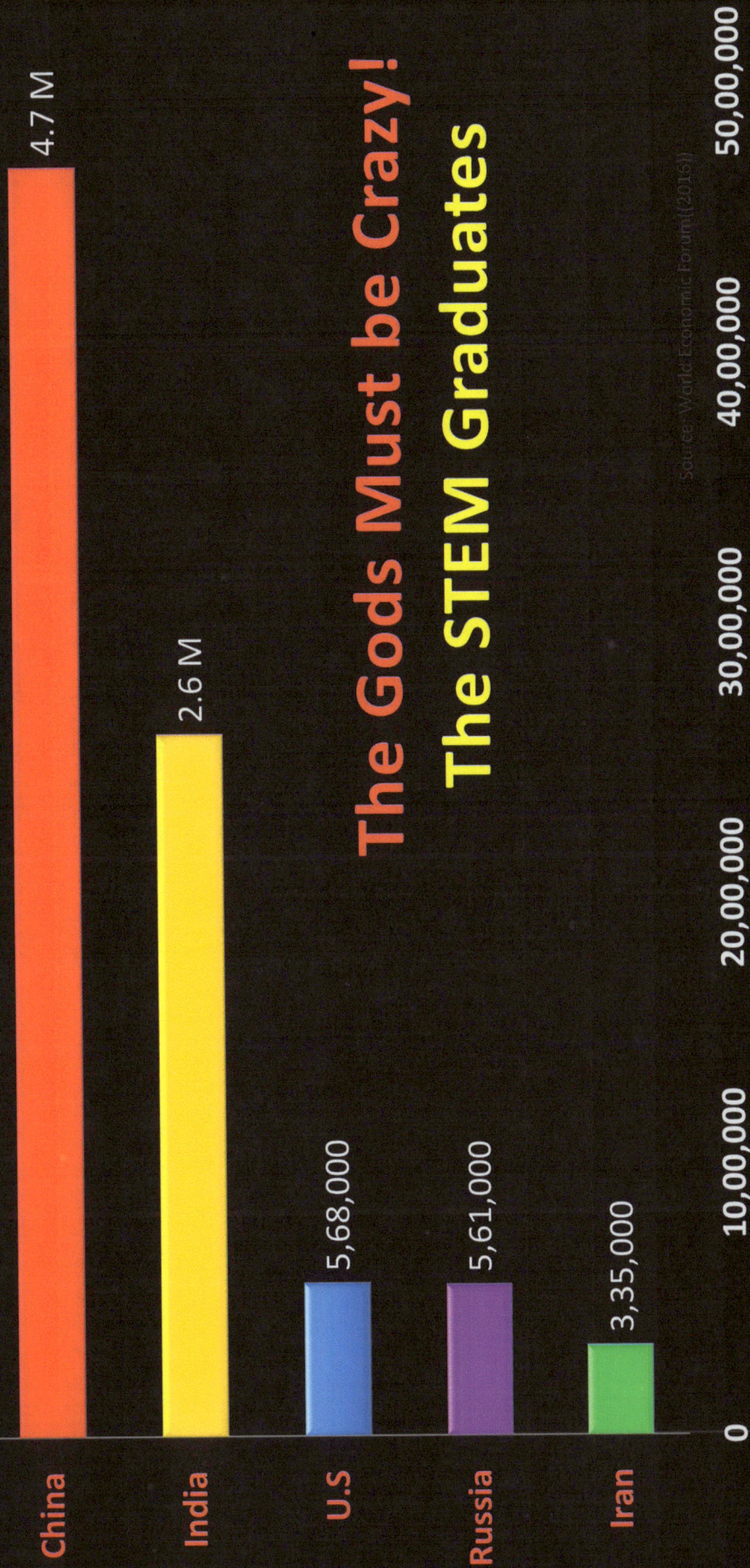

Source: World Economic Forum (2016)

Country	STEM Graduates
China	4.7 M
India	2.6 M
U.S	5,68,000
Russia	5,61,000
Iran	3,35,000

Y-axis: 0, 10,00,000, 20,00,000, 30,00,000, 40,00,000, 50,00,000

www.ERMMavericks.com

Avancerad kunskap

Enligt OECD har USA guldpläterat sin budget för college mer än nästan något annat land. Denna dekadens, såsom "manin för atletisk sport" utan någon ROI [Return on Investment = Avkastning på Investeringar], tillskrivs ofta utbildningsvärde[27]. Tyvärr utexaminerar USA ett betydligt mindre antal ingenjörer årligen jämfört med Kina eller till och med Indien. Kina har ägnat 35 år åt att bygga upp ett patentsystem. Enligt "United Nations World Intellectual Property Organization" (WIPO) stod kineserna för nästan hälften av de globala patentansökningarna under 2018, med 1,54 miljoner ansökningar (jämfört med mindre än 600 000 av USA), ledda av telekom och datateknik.

Från 2017 till 2018 skickade USA över 11 000 studenter till Kina[28] för låg utbildning. I gengäld utgör kinesiska studenter mer än 30 % av alla internationella studenter som studerar i USA (363 000 studenter) för högteknologiska magisterexamina, doktorsexamen, och mer i våra prestigefyllda institutioner. Kina byggde ett nytt universitet varje vecka, och 40 % tog examen i ett STEM–ämne 2013, dubbelt så många som de amerikanska standarderna. Enligt dessa uppskattningar kommer antalet kinesiska STEM–akademiker att öka med cirka 300 % fram till år 2030.

Avancerad kunskap har historiskt varit den drivande faktorn för tillväxten och nedgången av imperier och deras företag. Kunskap är grunden för en gemenskap, och den driver de flesta domäner. Enligt PISA 2015-rapporten har USA konsekvent rankats i den nedre 15:e percentilen i den utvecklade världen[29]. Undernivåutbildning leder till brist på möjligheter och ett orättvist samhälle. Denna orättvisa behandling kan leda till oroligheter och orsaka allvarliga skador på ekonomin och dess företag.

Till följd av detta har en av tre vuxna i USA gripits vid 23 års ålder. Medan Förenta staterna utgör cirka 4,4% av världens befolkning sitter en av fem fångar fängslade i USA. *Svarta män är sex gånger mer benägna att fängslas än vita män[30].*" Denna olyckliga statistik är orsaken till protester och upplopp som sker på ett konsistent sätt.

Om vi vill nå verklig fred i den här världen bör vi börja med att utbilda barn

— Mahatma Gandhi —

Kapitalistiskt system

En fisk ruttnar från huvudet ner. Högsta domstolens Citizens United–dom den 21e januari 2010 var den sista spiken i kistan för Roosevelts kapitalismmodell. Citizens United–domen öppnade dörren för obegränsade valbidrag från företag. De flesta av dessa bidrag har kanaliserats av de hemliga grupper som kallas super–PACs[31] (politiska åtgärdskommittéer).

Fiffel som begås i vårt träsk (Washington DC) och Wall Street i New York möjliggör skattelättnader, räddningsaktioner och bonusar till företagsledare som kväver gåsen som lägger gyllene ägg (deras företag) via aktieåterköp och extrem finansteknik. Mellan 2009 och 2019 betalade American Airlines ut 13 miljarder dollar i aktieåterköp, medan det fria kassaflödet för samma period var negativt. Alla sex stora flygbolag investerade 47 miljarder dollar av de 49 miljarder dollar som genererades på aktieåterköp under samma period[32]. Idag fortsätter intet ont anande skattebetalare att rädda dessa individer och det finansiella ingenjörshästspelet kommer snart att dra nytta av detta och förvandla katastrofen till en bonus.

> **"Kapitalisterna kommer att sälja oss repet som vi kommer att hänga dem med".**
>
> ———————— Vladimir Ilyich Lenin ————————

Samtidigt investerar den kinesiska regeringen miljarder dollar i FoU, nya fabriker, utbildar arbetskraften, och finansierar dem för att rensa de fallna änglarna i väst (våra företag i ekonomiska problem). Under dessa turbulenta tider brinner till och med saudiarabiska statliga gamfonder när de säljer shoppingturer och slarv-andelar i kronjuvelföretag i USA för några miljoner dollar. Denna valfångstlista inkluderar vår näst–största försvarsentreprenör Boeing, som spenderade 43 miljarder dollar av sitt kassaflöde på 58 miljarder dollar på aktieåterköp under ett decennium[33]. Våra kloka ledare säljer det här landet för en näve dollar. Det är en fråga om nationell säkerhet. De blundar avsiktligt och distraherar de okunniga väljarna genom att kasta ruttet rött kött till dem.

> **"Återköp är det främsta exemplet på en växande inkompetens bland vd:ar och styrelser."**
>
> **"På Main Street idag blir folk utplånade. Just nu händer inte detsamma rika vd:ar eller styrelser som har fruktansvärd styrning. Men det händer folk."**
>
> **"Vad vi har gjort är att oproportionerligt stödja dåligt presterande vd: ar och styrelser, och man måste tvätta bort dessa människor."**
>
> **"Bara för att vara tydlig med vem vi pratar om. Vi pratar om en hedgefond som betjänar ett gäng miljardärsfamiljekontor. Vem bryr sig? Får de inte sommaren i Hamptons?"**
>
> **"Det vore bättre för Fed att ha gett en halv miljon till varje man, kvinna och barn i USA."**
>
> ———————— Chamath Palihapitiya intervju i CNBC ————————
> (Miljardär investerare och tidigare Facebook Vice President av användartillväxt)

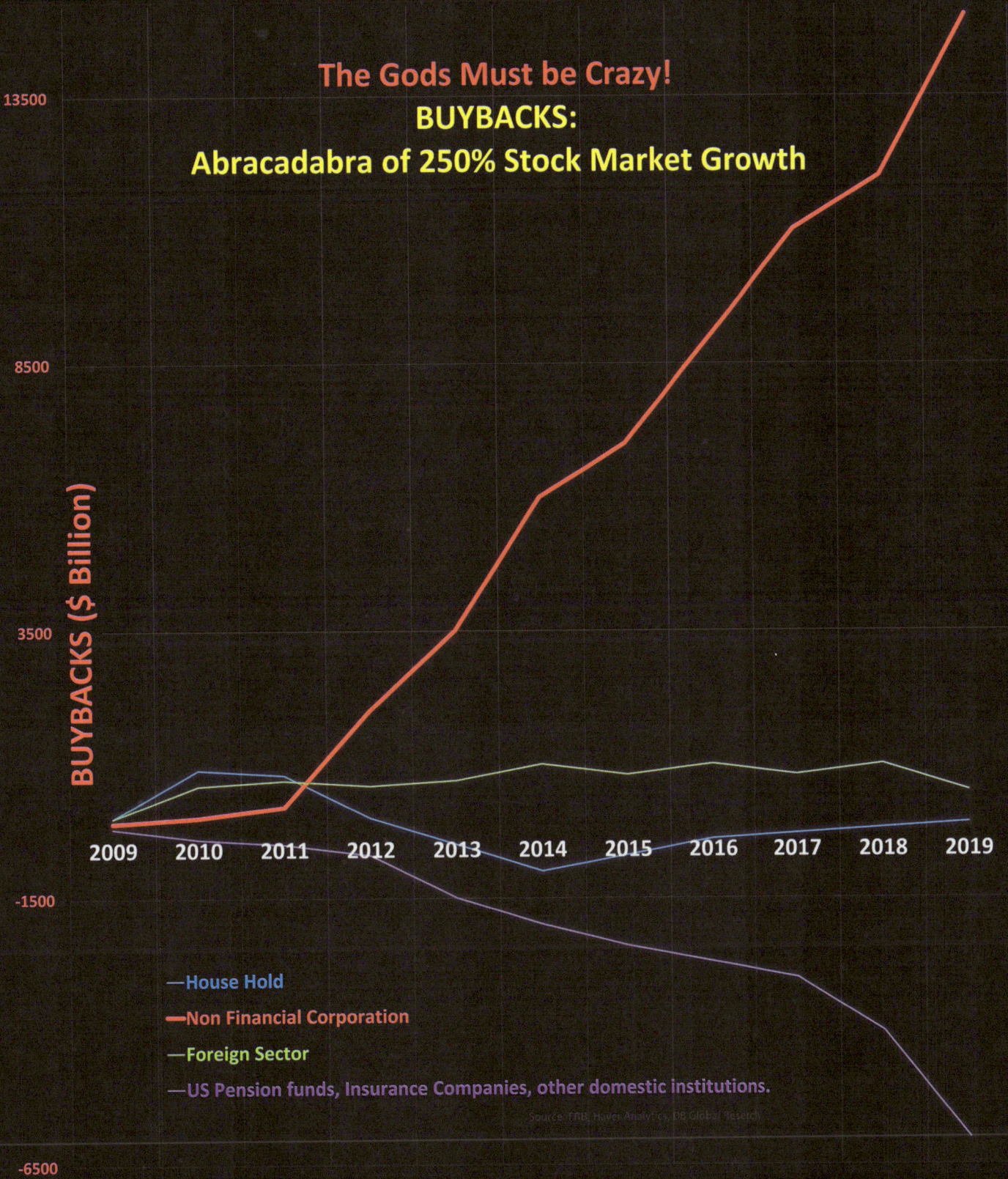

The Gods Must be Crazy!
BUYBACKS:
Abracadabra of 250% Stock Market Growth

BUYBACKS ($ Billion)

13500

8500

3500

-1500

-6500

2009 2010 2011 2012 2013 2014 2015 2016 2017 2018 2019

—House Hold
—Non Financial Corporation
—Foreign Sector
—US Pension funds, Insurance Companies, other domestic institutions.

Source: FRB, Haven Analytics, DB Global Teserch

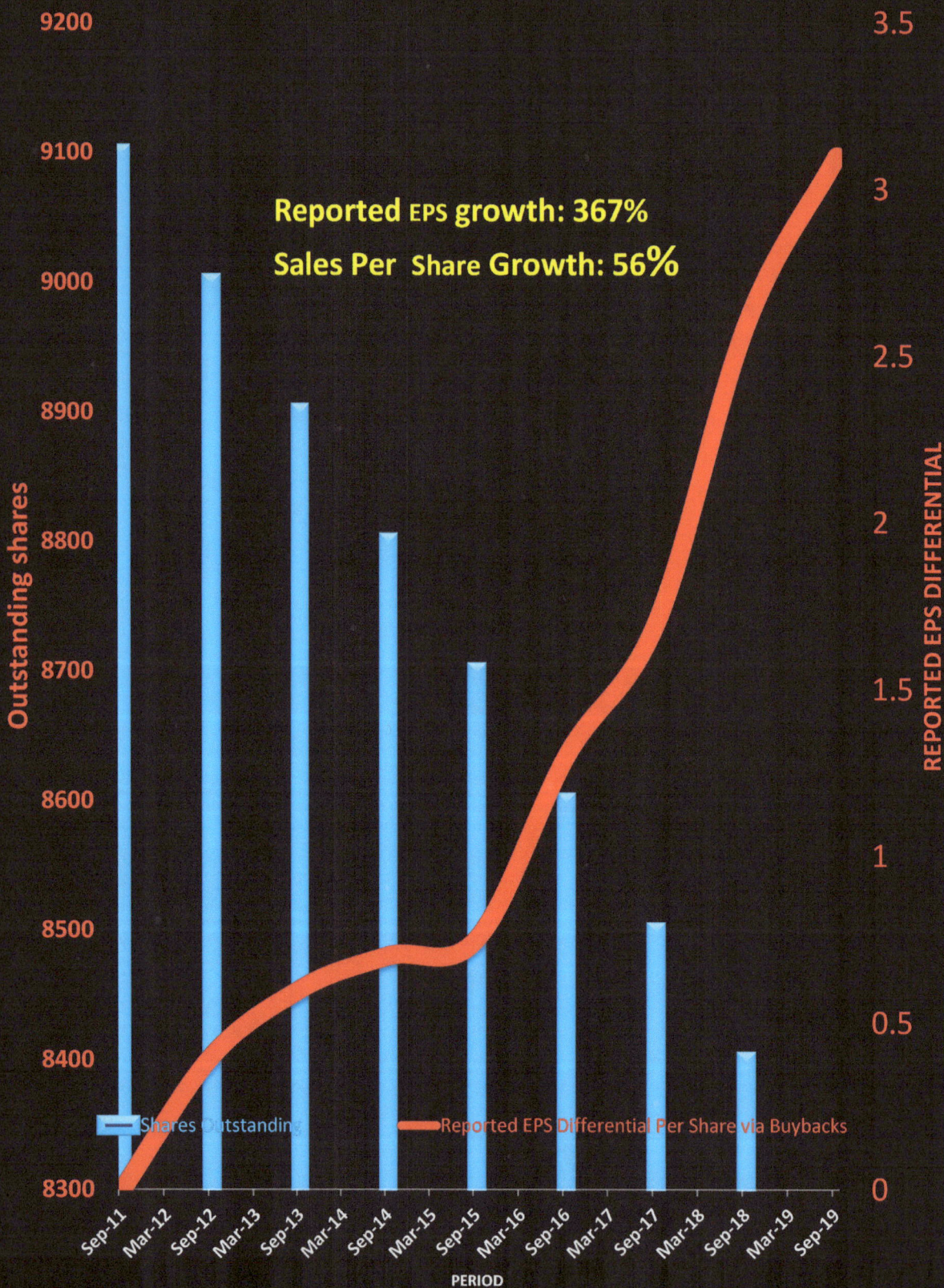

The Gods Must be Crazy!
BUYBACKS: The Accounting Gimmick!
Catacomb of Capitalism?

Reported EPS growth: 367%
Sales Per Share Growth: 56%

Shares Outstanding — Reported EPS Differential Per Share via Buybacks

Source Data: Real Investm

Elitklasssystem

Finansteknik av våra eliter och centralbanker, särskilt sedan den ekonomiska kollapsen år 2008, har skapat det mesta av dagens välståndsklyfta. Lejonparten av krediten går till fadern av irrationellt översvallande, Alan Greenspan, tidigare ordförande för Federal Reserve of the United States, från 1987 till 2006. Räntedriven penningpolitik, helikopterpengar via kvantitativa lättnader (QE) och köp av finansiella tillgångar är framstående exempel. Lånade pengar var gratis / billigt och användes för återköp, M&A (Mergers & Acquisitions = Fusioner / förvärv), och olika bedrifter inom finansteknik. Denna scen har resulterat i över 250 % av tillväxten på aktiemarknaden under det senaste decenniet.

Tyvärr hade endast de privilegierade få tillgång till gratis / billiga pengar som presenterat i den röda delen av diagrammet. Trots att de sipprade ner devalverade de allra flesta (*se en liten gul del av diagrammet*) andelen av sin paj. Några eliter privatiserade effektivt vinsterna och socialiserade skatte– och ränteskulderna i många år framöver. När Kina skickar sina inkasserare kommer det att vara till den skattebetalande majoriteten som sitter fast i utmätningshelvetet, inte den kunniga eliten i deras skatteparadis[34].

USA är den enda utvecklade ekonomin där medelinkomsten för 50 % av landets medborgare har minskat under de senaste tre decennierna. President Trump utnyttjade detta vita arbetarklasshav av förtvivlan och motreaktioner i valet 2016. Förutom att spilla dyrbart blod brände Amerika över 5 miljarder dollar i att utkämpa stamreligiösa krig i Mellanösterns öknar, vilket gjorde ett fåtal extremt rika. Varje medborgare i botten 50 % kunde ha fått en $30,000 check om dessa krig hade undvikits. Däremot upplevde 50 % i Kina de största tre decennierna på 3000 år. Omkring 800 miljoner kineser befriades från fattigdom. Däremot har miljontals amerikanska medelklassfamiljer tvingats till botten av pyramiden, tvungna till att förlita sig på matkuponger och annat statligt stöd.

Roosevelt byggde ett meritokratiskt samhälle som blev en plutokrat Zamindar[35], ett system vars tentakler sträckte sig djupt. Medan Kina styrs av de bästa ingenjörerna och rör sig mot det meritokratiska systemet, utnyttjar våra ledare det missnöjda underbältet i vårt samhälle och vinner val genom att kasta dem benen från soporna. Det kinesiska systemet kan inte förändra kommunistpartiet, men partiet kan strategiskt ändra politiken för att dra nytta av landets bästa långsiktiga intressen. I USA kan vi byta parti varje valcykel halvvägs eller fyra års valcykel. Men tyvärr är vi fast med den föråldrade närsynta "Hara–kiri" –politiken för några specialintresselobbyister. Det regelbaserade moraliska och etiska kapitalistiska systemet som Roosevelt trion utvecklade byggde en reservoar av goodwill hemma och utomlands under de senaste sjuttiofem åren. Sorgligt nog, för närvarande tömmer USA reservoaren både hemma och utomlands med sin drakoniska kortsiktiga politik.

Den radikalortodoxa formen av kapitalism som praktiseras idag av vilda finansingenjörer leder till skuldfällor, som bidrar till ekonomisk kolonisering, populism, imperialism, fascism, uppror, upplopp, revolutioner, krig, konflikter, och anarkism. Som vi har upplevt i amerikanska primärval kommer presidentkandidater som Bernie Sanders och Elizabeth Warren och andra utan framgång att predika socialism (omfördelad rikedom samtidigt som demokratin bevaras).

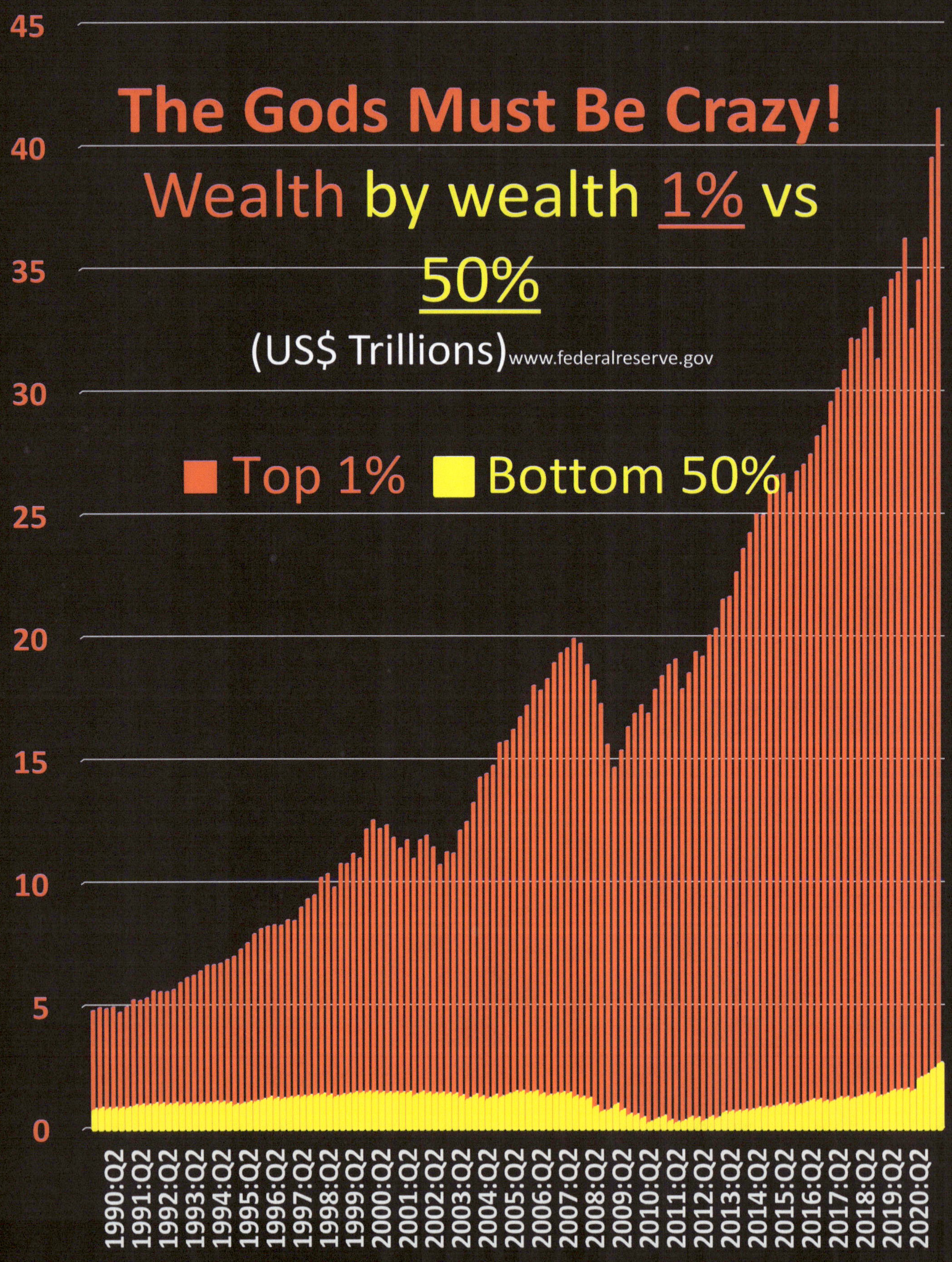

The Gods Must Be Crazy!

Wealth by wealth 1% vs 50%

(US$ Trillions) www.federalreserve.gov

■ Top 1% ■ Bottom 50%

45
40
35
30
25
20
15
10
5
0

1990:Q2 1991:Q2 1992:Q2 1993:Q2 1994:Q2 1995:Q2 1996:Q2 1997:Q2 1998:Q2 1999:Q2 2000:Q2 2001:Q2 2002:Q2 2003:Q2 2004:Q2 2005:Q2 2006:Q2 2007:Q2 2008:Q2 2009:Q2 2010:Q2 2011:Q2 2012:Q2 2013:Q2 2014:Q2 2015:Q2 2016:Q2 2017:Q2 2018:Q2 2019:Q2 2020:Q2

Modfällda, några extrema ideologier från vänster kommer att tillgripa kommunism (dela mest rikedom nästan lika), som bevittnades i Venezuela, Zimbabwe, och Nordkorea. Mest oroande är att många på den högra sidan av spektrumet kommer att bli fascistmiliser (enväldig statskontrollerad kapitalism), vilket var fallet med tredje riket (Nazityskland), fascistiska Italien och kejserliga Japan på 1920- och 30-talet.

"Black Swan" versioner av extrema händelser som COVID-19, som inträffar under (och förvärrar) tider av sårbarhet, tjänar till att inflammera den självförstärkande nedåtgående spiralen exponentiellt. Ett andra inbördeskrig har sjudit sedan den ekonomiska kraschen 2008, vilket resulterade i en massiv förskjutning av välståndet. Covid-19-utbrottet, Black Lives Matter möten och efterföljande upplopp manipulerade glöden av en långsamt brinnande eld. Om den inte hanteras på rätt sätt kommer elden att sprida sig globalt som den arabiska vårens löpeld och utlösa tändningen av apokalypsen.

Extrem Finansingenjörsamhet

Att ge kredit till de få Gordon Gekko[36] i Elysium[37], de allra flesta människor lider ekonomiskt. Det är kulmen på illusionen som är så kallad globalisering och Roosevelts kapitalism. **Det finns gott om skuld att gå runt, och det börjar med mig.**

"Timmen av kapitalismens största triumf är dess kristider[38]," och en kris är en fruktansvärd sak att slösa bort. USA blev en kapitalistisk supermakt eftersom Roosevelt förvandlade första och andra världskriget, spanska sjukan, den stora depressionen, och andra kriser till möjligheter genom att slå det brittiska imperiet, som förlorade sin mojo. Kina har nu en spegelsituation. Den 11 september 2001, och särskilt den ekonomiska tsunamin 2008, erbjöd oss fantastiska möjligheter att dra nytta av vår onekligen överlägsna militär, reservvaluta, politisk goodwill, och otaliga andra resurser.

Men våra lobbyister i myren som är Washington DC har kapat möjligheten, genom att använda den för att stötta upp sina Wall Street fiffel (som kickstartade problemen från början), istället för att investera i vår sönderfallande kritiska infrastruktur.

Tyvärr, snarare än att dra nytta av de fantastiska globala möjligheterna, BIG4 Consulting, och redovisningsbyråer etc., tog de den parasitiska vägen. Dessa möjligheter inramades som skulder; framtiden och möjligheter blev kostnadscentra snarare än vinstcentra. De var väl insatta i praxisen av extrem ortodox finansingenjörskap. De framhärdade i att piska den försämrade kapitalistiska hästen för några dollar, och offshora all framtida kapitalism i öster. Dessa system omfattar tanklös benchmarking, omvandlingar (IT, finans, leveranskedja osv.), skattesmart hantering av leveranskedjan (TESCM), outsourcing av affärsprocesser, kontraktstillverkning, FoU–avfasning, omstrukturering, och vidare, skapade irreparabel skada på företagets motståndskraft. Slutresultatet är en död företagsamhetshäst.

Parasitiska gamfonder, företagspirater, och private equity (privat kapital) företag tog det som en möjlighet att plundra de få återstående företagen med utmärkta balansräkningar, suga allt blod som lämnats kvar genom att ladda dem med kortfristiga högränteskulder. Även när det plundrade företaget misslyckades fick riskkapitalparasitföretagen sina blodspengar tack vare förskottsavgifterna och buren ränta.

I motsats till att se det som en möjlighet att återinvestera i sitt eget företag, anser ledarna för våra dekadenta företag och deras medbrottslingar att det var en möjlighet att manipulera de stora balansräkningarna genom aktieåterköp, vilket berikar dem själva. Liksom i den ekonomiska tsunamin 2008 räddade skattebetalarna dessa zombieföretag – de ekonomiska missbeteenden i Washington DC som resulterade i att vinsterna privatiserades genom att skattebetalarnas skulder socialiserades.

Enligt SBA står småföretagen för 99,7 % av de amerikanska arbetsgivarföretagen och 64 % av de nya nettojobben i den privata sektorn[39]. Bara under några veckor i 2020 har 25 % av småföretagen stängt, vilket gör nära 40 miljoner amerikaner arbetslösa. Klockan tickar på permanenta avstängningar.

Att vara leverantörer av idéer och professionella missbeteenden på dessa extrema finanstekniska asätare, måste opportunistiska IVY League affärsskolor ta sin beskärda del av ansvaret för lynching av den försvagade kapitalistiska grunden som byggts av Roosevelt trion – Teddy, Franklin, och Eleanor. Många av IVY–ligans affärsskolors akademiker, och avancerade proffs som jagar finansiella drömmar, hamnar på Wall Street eller med ett av BIG4 företagen. För några dollar mer hamnar de flesta crème de la crème ingenjörerna också i denna finansingenjörsamhets övning.

Men *vad är Wall Street till för nytta?* Mycket av vad investment bankirer gör är socialt värdelöst och potentiellt farligt för USA och globala ekonomier. Förutom giftiga finanstekniska produkter, vilka konkreta saker designar, bygger, eller säljer de? Wall Street frånkopplad från Main Street. De fick ekonomin på knä, skapade *Too Big to Fail* [*För stor för att gå under*], som socialiserade skulderna (till skattebetalarna) och privatiserade vinsterna. De skapade derivat och andra massförstörelsevapen och uppmuntrade skevt risktagande på en riggad marknad.

Som visualiseras i diagrammet nedan kommer två tredjedelar av intäkterna från BIG 4 från revisions– och skattepraxis. Revisionsmetoder utför obduktion av historiska siffror och förhindrar problem med interna och externa efterlevnadskrav. Skattepraxis hjälper också kunder att dra nytta av kryphål i skatteförmån, postboxar (offshore skatteparadis), TESCM (Tax Effective Supply Chain Management = Skatteeffektiv hantering av försörjningskedjor) och andra metoder som kan vara giftiga för skattebetalarna. En betydande del av konsultmetoderna består av finansiell teknik. I vilken utsträckning vill våra IVY liga institutioner förvränga en miljömässigt ansvarsfull allmänbild [såkallad greenwashing] för CSR (Corporate Social Responsibilities = Företags sociala ansvar) och etisk framtid för Företagsamhet och Amerika? Eller är de bara kapabla att vara termiter som äter bort sin egen grund?

"Från 2009–2015 fick de 50 största amerikanska (USA) företagen mer än 423 miljarder dollar i skattelättnader och spenderade mer än 2,5 miljarder dollar på lobbying av kongressen för att öka deras slutresultat ytterligare."

Oxfam Amerika

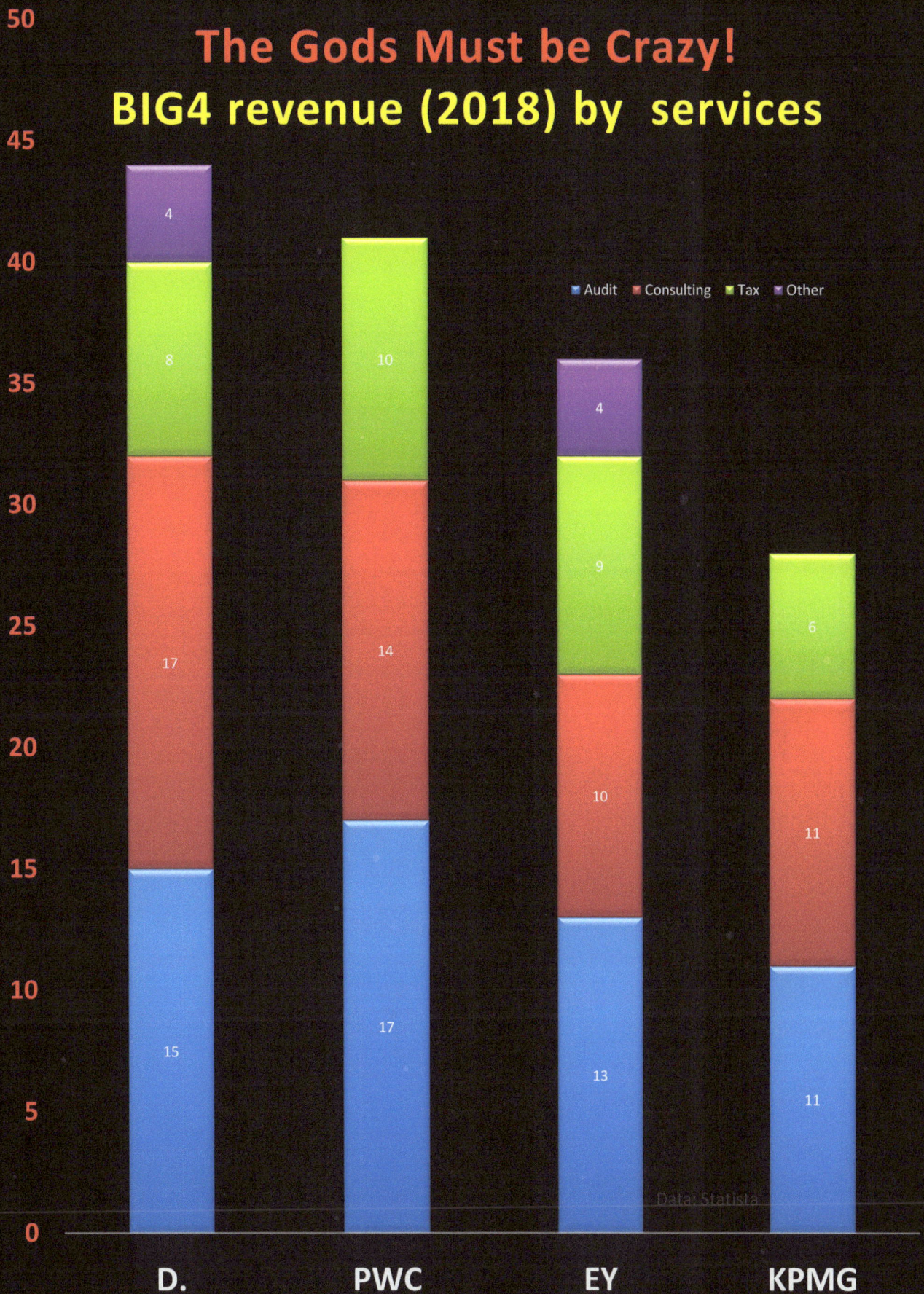

The Gods Must be Crazy!
BIG4 revenue (2018) by services

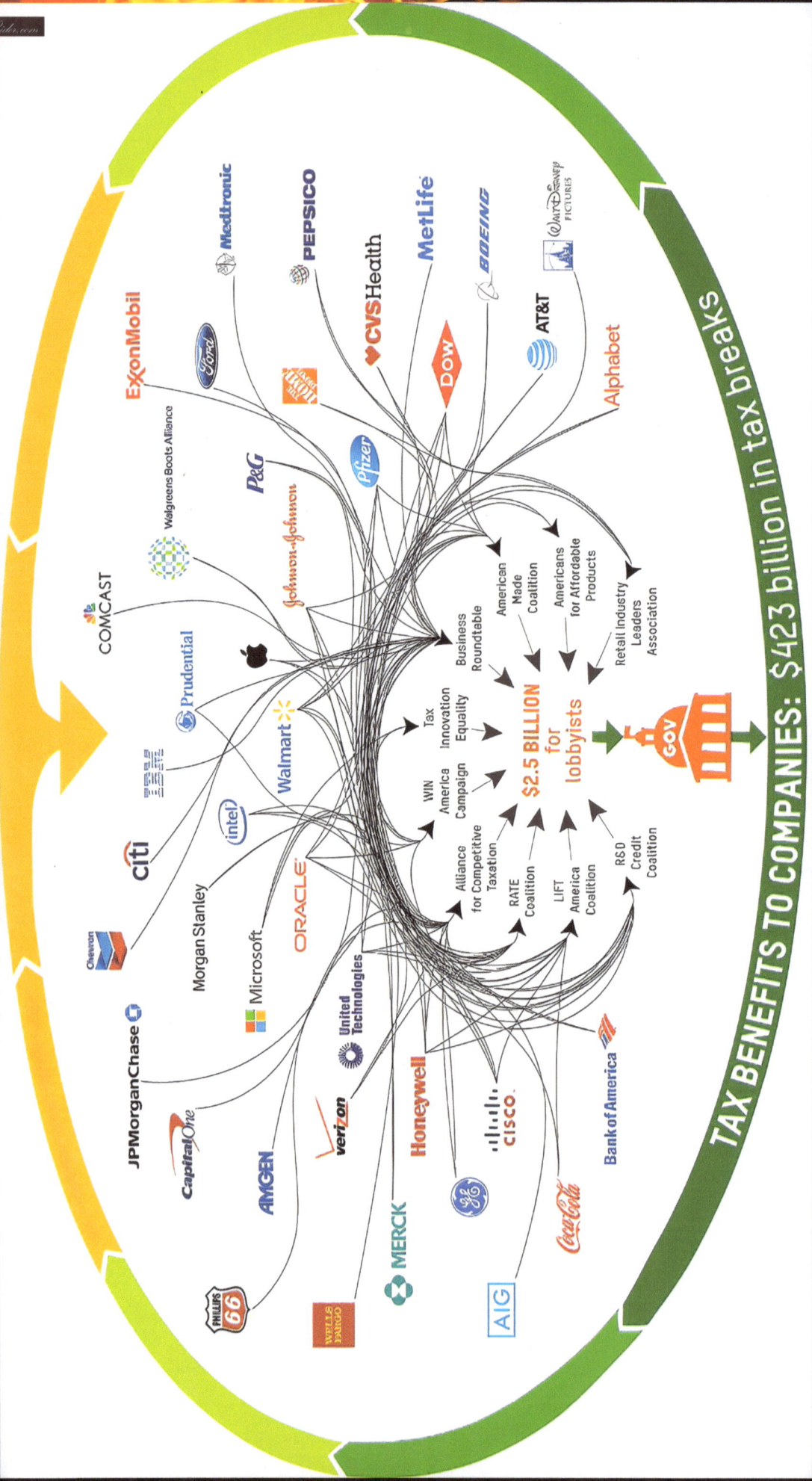

TAX BENEFITS TO COMPANIES: $423 billion in tax breaks

Elysium[40]

Så våra parasiter kraschade den kapitalistiska stiftelsen som Roosevelt arkitekterade. Som ett resultat upplever vi nationalstatens fall. I stället bevittnar vi den spektakulära ökningen av en ny klass av "Elysium–on–Steroids" som hackar de kollapsade grunderna för Roosevelts kapitalistiska system.

Genom att kväva innovation och kapa demokratin blir grupper som FAANG (Facebook, Amazon, Apple, Netflix och Google) de farligaste kartellerna i världen. Och med ett kombinerat börsvärde på cirka 5 miljarder dollar hotar de själva grunden för civilisationen.

FAANGM (Facebook, Amazon, Apple, Netflix, Google, och Microsoft) har lagt till en miljard dollar i börsvärde bara i år. Det är mer än hela marknadsvärdet för energisektorn S&P 500. Samtidigt håller realekonomin på att kollapsa. Medan Wall Street och Tech–Titans hade sitt livs bästa framgång följde eländet på huvudgatan eftersom det såg sitt värsta kvartal på minst 145 år.

En fjärdedel av världens medborgare är aktiva användare av Facebook. Det kan hävdas att de till och med fick den senaste amerikanska presidenten vald. I ett PM skrev Facebooks vd Andrew Bosworth att Trumpkampanjens användning av Facebooks annonsverktyg låg bakom Donald Trumps seger i presidentvalet 2016[41]. Det kanske till och med händer igen. Det ska bli intressant att se den amerikanska dollarns öde när Facebook koloniserar sina medborgare med sin Libra (kryptovaluta) Electro–Dollar.

"Ingen civil diskurs, inget samarbete; felaktig information, misstro. Och det är inte ett amerikanskt problem – det handlar inte om ryska annonser. Detta är ett globalt problem.

Jag anser att vi har skapat verktyg som sliter sönder den sociala strukturen i hur samhället fungerar. De kortsiktiga, dopamindrivna feedbacklooparna vi har skapat förstör hur samhället fungerar.
Du blir programmerad.

Jag känner enorm skuld. I våra sinnens bakre, djupa, djupa urtag visste vi egentligen att något dåligt
kunde hända".

Chamath Palihapitiya
(Miljardärinvesterare och den förre Facebooks vice vd för användartillväxt)

Viva la Wall Street!

En gång i tiden var New York världens finansiella centrum eftersom USA var ekonomiskt sätt i toppen av världen. Kina skapade sitt affärscenter baserat i Shanghai, och det har redan börjat störta USA:s inflytande. Efter att ha nått sin topp i slutet av 1990–talet har antalet offentliga företag i USA stadigt minskat. Tack vare privatkapital, fusioner och förvärvanden, samt kapitalutflöden, så krympte det från över 7 000 företag till mindre än 3 000. Samtidigt växte den kinesiska börsen från *noll* till cirka 4 000 bolag, utöver de 2 500 börsnoterade bolagen i Hongkong.

"Vi måste inse att kinesiska företag, delvis med stöd av statliga medel, i allt högre grad försöker köpa upp europeiska företag som är billiga att förvärva eller som hamnat i ekonomiska svårigheter på grund av coronaviruskrisen...

Kina kommer att bli vår största konkurrent i framtiden, i ekonomiska, sociala, och politiska termer...

Jag ser Kina som den strategiska konkurrenten för Europa. som representerar en auktoritär samhällsmodell, som vill utöka sin makt och ersätta USA som en ledande makt...

Europeiska unionen bör därför reagera på ett samordnat sätt och sätta stopp för den 'kinesiska shoppingturnén'".

——— Manfred Weber, ———
(Chef för EPP–gruppen i EU–parlamentet
(NPR [National Public Radio = Nationell Offentlig Radio i USA] Nyheter 5–17–20))

En gång i en annan tid, cirka 1960, utgjorde den amerikanska [USA] ekonomin omkring 40 % av världens totala BNP [Brutto National Produkt]. Tyvärr har den, som vi har sett, sjunkit till mindre **än** 15 % i Köpkraftsparitet. Samtidigt ryter Kinas BNP ifrån, med över 20 % av världens BNP för närvarande. Vår dåraktiga extrema girighet har slösat bort vår goda vilja. Om vi inte tar oss samman, och snabbt, är våra Imperium och Företagsamhetsdagar numrerade – särskilt med tanke på att vi kontrollerar 79,5 % av all världshandel tack vare vår reservvalutastatus (USA dollarn)[42].

The Gods Must Be Crazy!
Digital vs WallStreet vs MainStreet
FANG+ (Tesla, Amazon, Netflix, Alibaba, Baidu, Apple, Nvidia, Google, Facebook and Twitter)

Source(approximate): Bloomberg, NYSE, S&P, KBW.
Index, December 31, 2019 =0

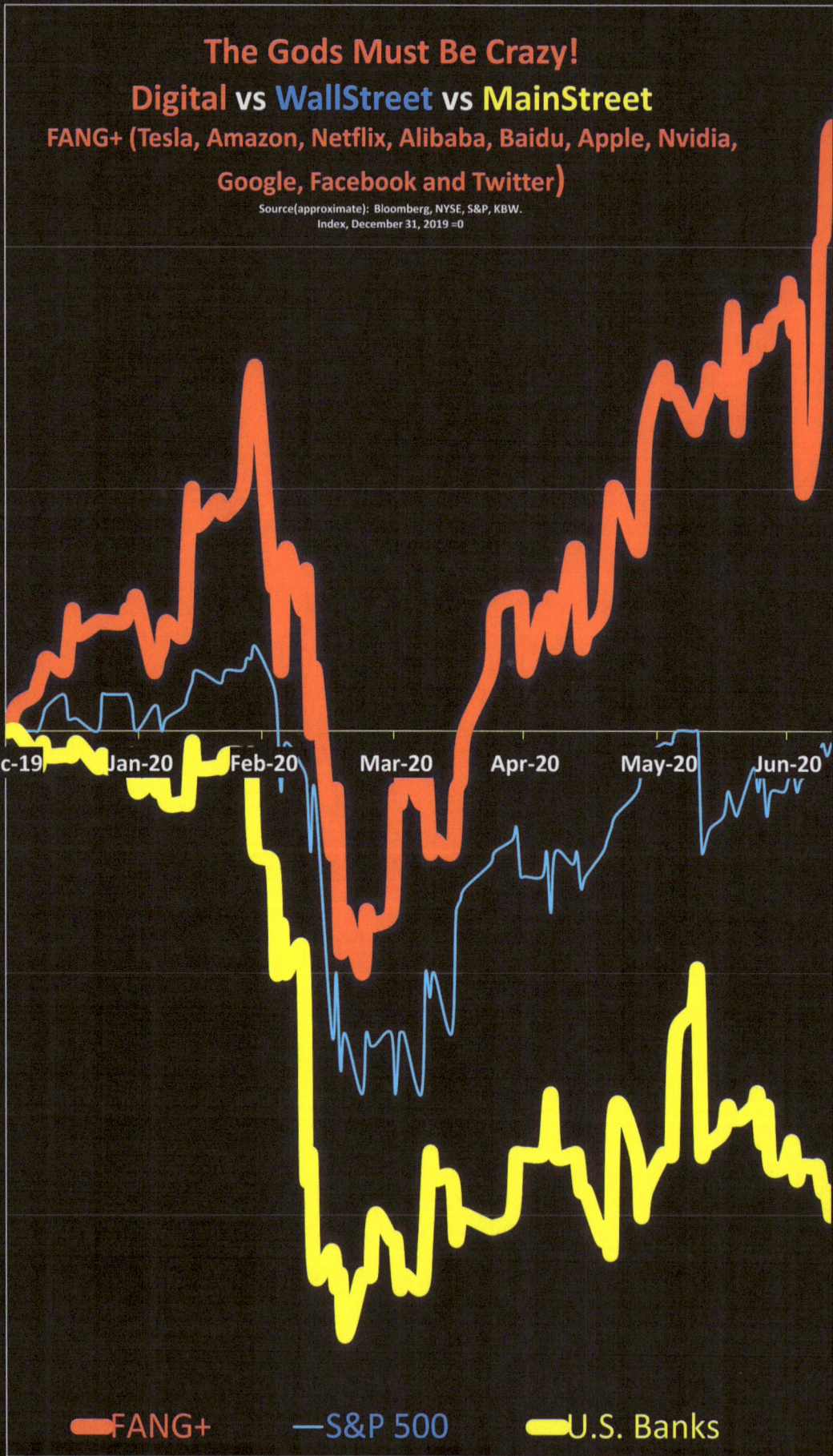

— FANG+   — S&P 500   — U.S. Banks

The Gods Must Be Crazy!

Real Gross Domestic Product

Source: U.S. Bureau of Economic Analysis(FRED, Q2 2020)

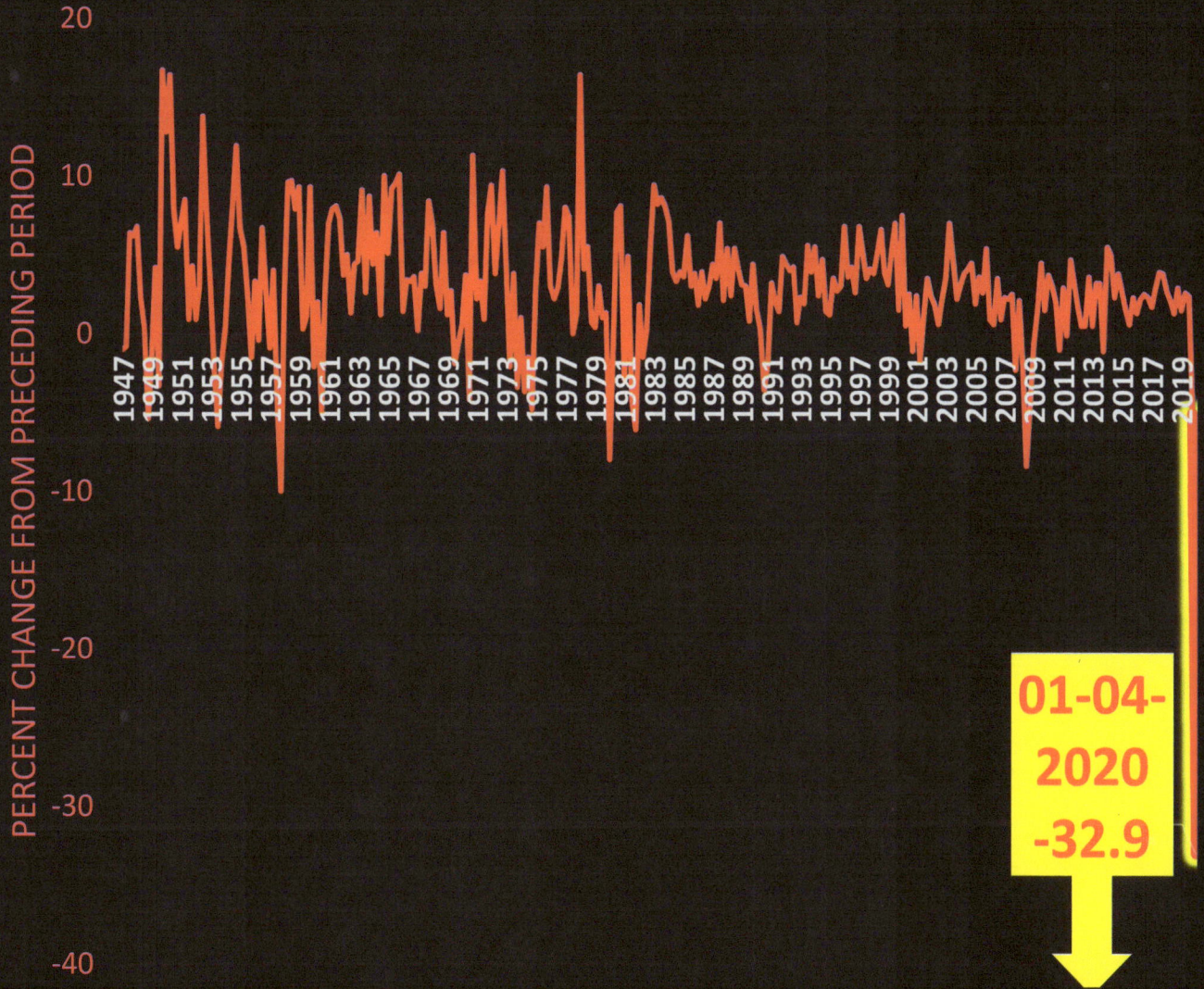

PERCENT CHANGE FROM PRECEDING PERIOD

01-04-2020 -32.9

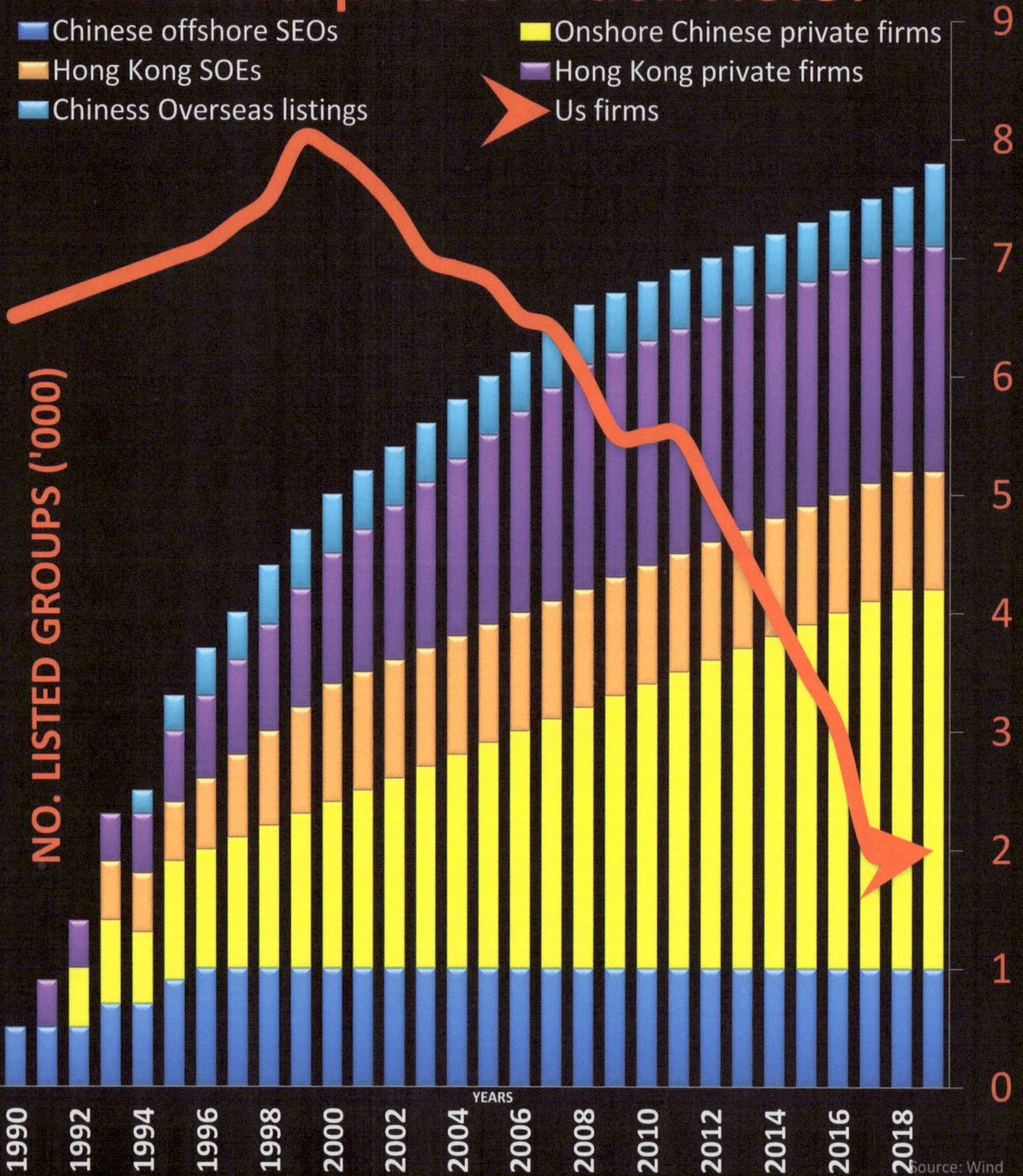

The Gods Must be Crazy!
Catacomb of Capitalism?
US Enterprises Black Hole?

Legend:
- Chinese offshore SEOs
- Hong Kong SOEs
- Chiness Overseas listings
- Onshore Chinese private firms
- Hong Kong private firms
- Us firms

Y-axis: NO. LISTED GROUPS ('000)

X-axis: YEARS — 1990, 1992, 1994, 1996, 1998, 2000, 2002, 2004, 2006, 2008, 2010, 2012, 2014, 2016, 2018

Source: Wind

The Gods Must be Crazy!

US FED Balance Sheet

Total Assets (Trillions of USD)

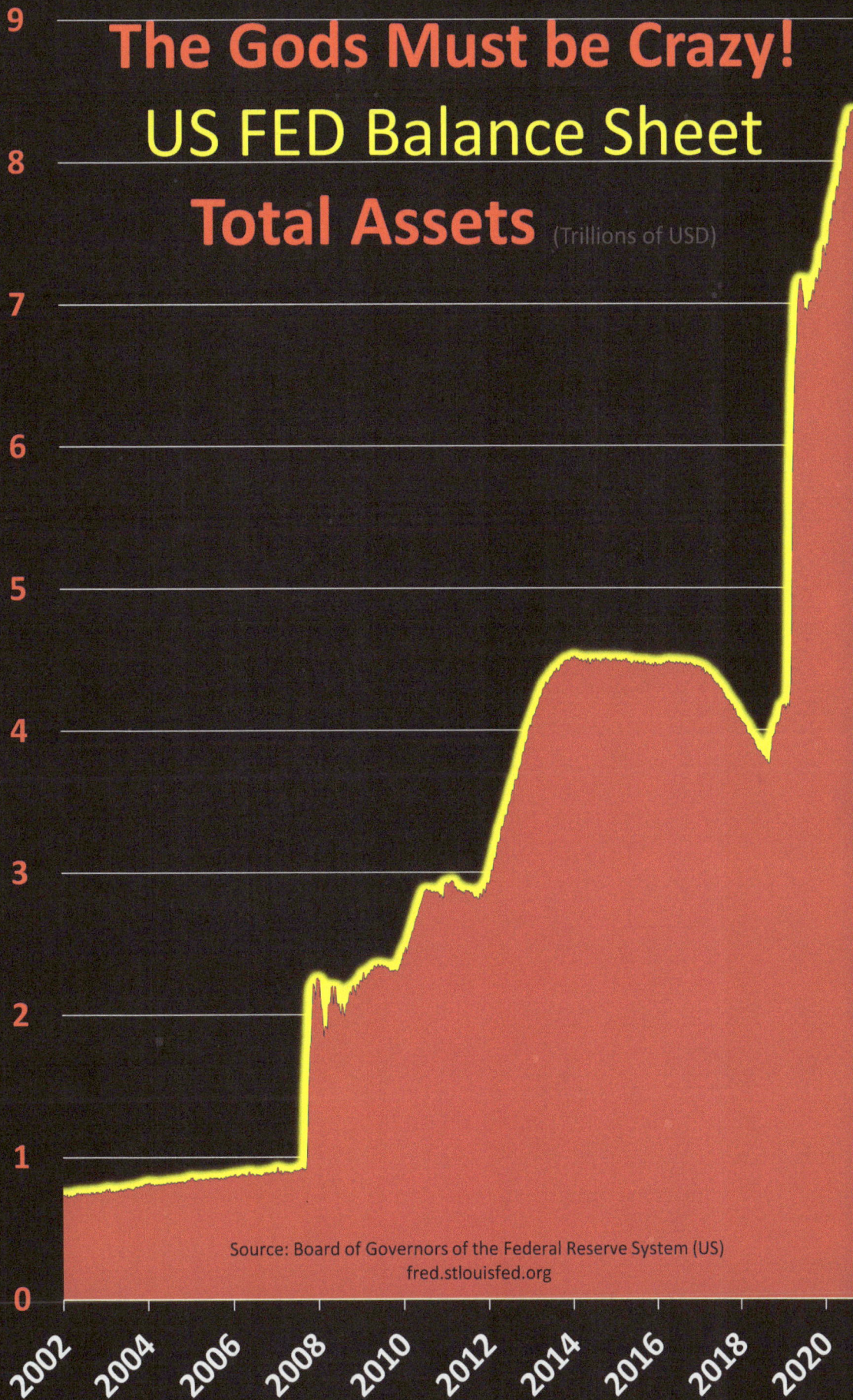

Source: Board of Governors of the Federal Reserve System (US)
fred.stlouisfed.org

The Gods Must be Crazy!
US Federal Debt
(Trillions of USD)

Source: U.S. Department of the Treasury. Fiscal Service
fred.stlouisfed.org

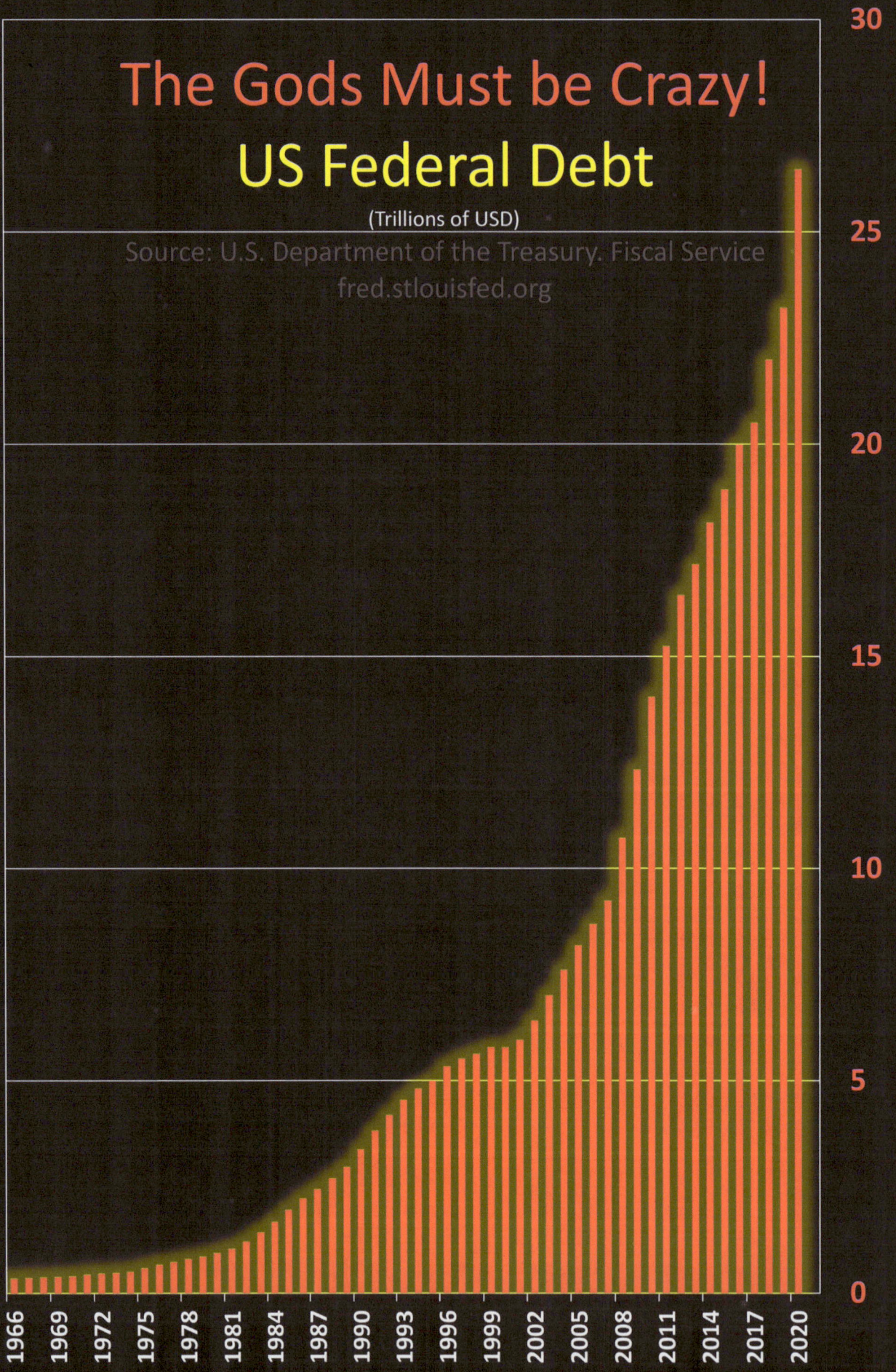

felade genom att bara titta på toppen av pyramiden. Vi måste omarkitektera affärer från ett botten–upp perspektiv.

Under 1990-talet bröts George Soros Bank of England upp för 3,3 miljarder pund[43] och orsakade den asiatiska finanskrisen med bara en bråkdel av sin förmögenhet[44]. Enligt Oxfam har Apple ensamt mer än 200 miljarder dollar i offshore–fonder, medan den brittiska valutareserven är mindre än 180 miljarder dollar. USA har mindre än 130 miljarder dollar, medan Kina sitter på en honungspott med mer än 3000 miljarder dollar. Som ni kan se i diagrammet så nästan fördubblades den amerikanska centralbankens balansräkning på mindre än tre månader genom att lägga till en skuld på tre biljarder dollar.

Förr eller senare kommer kycklingarna hem för att sova. Hur många oseriösa dollar i den amerikanska skulden på 25 biljarder dollar (som inkluderar kinesiska, ryska och saudiska innehav) behövs för att bryta den Västernkapitalistiska Företagsamheten?

Om vi inte arkitekterar 2100-talets digitala ålder, "Noah's Nya Normala Företagsamhets Ark", kommer vi snart att arbeta som slavar för *Mannen i Det Höga Slottet*[45], som påminner om Netflix Dokumentären *American Factory*[46]. Coronaviruset kan mycket väl bli fjärde rikets trojanska häst.

DET AKTUELLA ÖRETAGSAMHETSLÄGET

> "Ilska kan med tiden ändras till glädje; förargelsen kan efterträdas av innehåll. Men ett rike som en gång har förstörts kan aldrig komma tillbaka igen; inte heller kan de döda någonsin väckas till liv igen. Därför är den upplyste härskaren uppmärksam och den gode generalen full av försiktighet. Det är så man håller ett land i fred och en armé intakt".
>
> Sun Tzus Krigskonsten (cirka 476–221 f.Kr.)

The Gods Must Be Crazy!

Gaggle of Financial-Engineering Frogs in Debt

Nonfinancial Corporate Business; Debt Securities; Liability, Level (**Trillion $**)

Source: Board of Governors of the Federal Reserve System(FRED, Q1 2021)

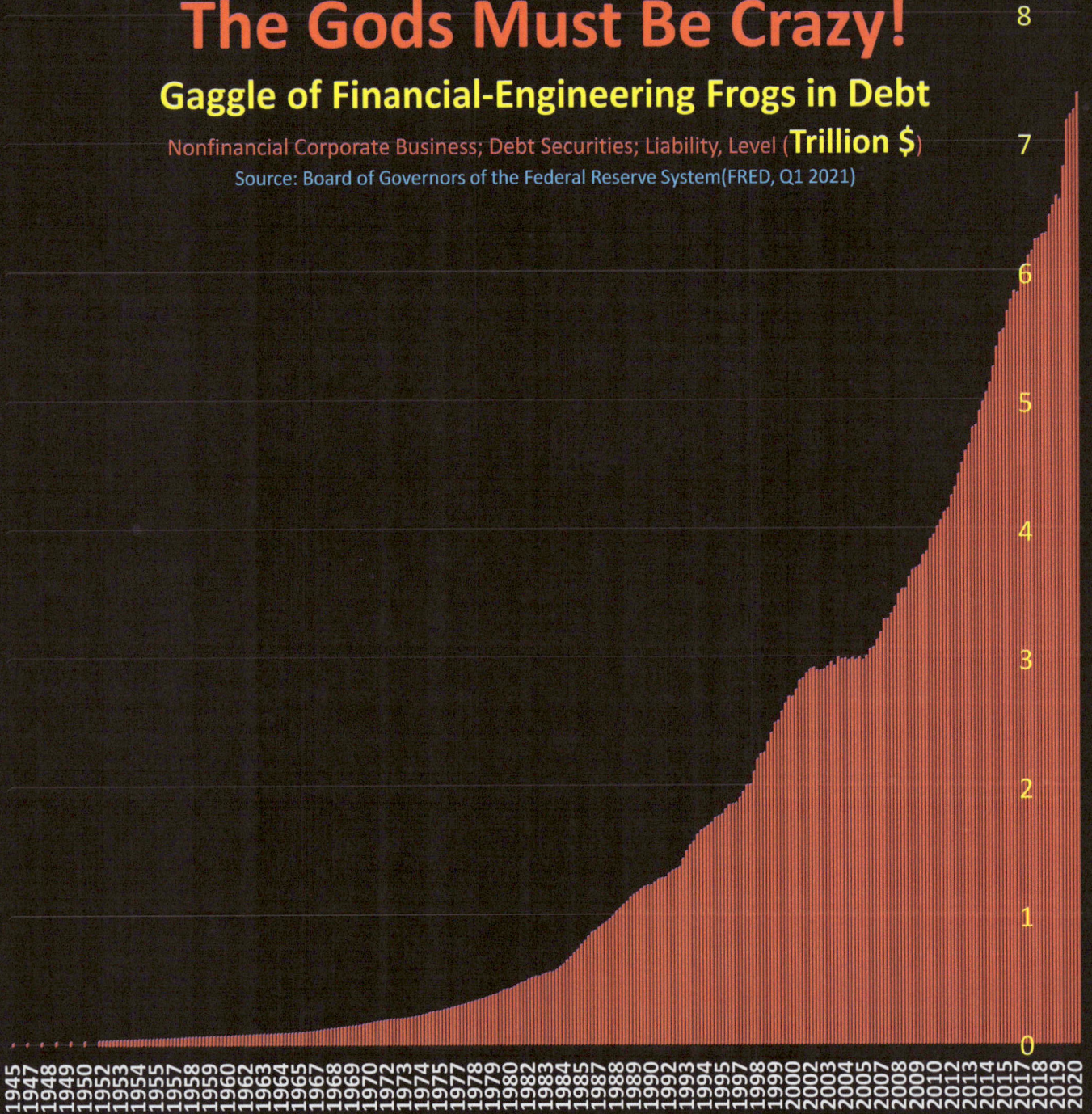

"*Alice: Would you tell me, please, which way I ought to go from here?*
CAT: THAT DEPENDS A GOOD DEAL ON WHERE YOU WANT TO GET TO.
Alice: I don't much care where.
CAT: THEN IT DOESN'T MUCH MATTER WHICH WAY YOU GO "
― Alice in Wonderland

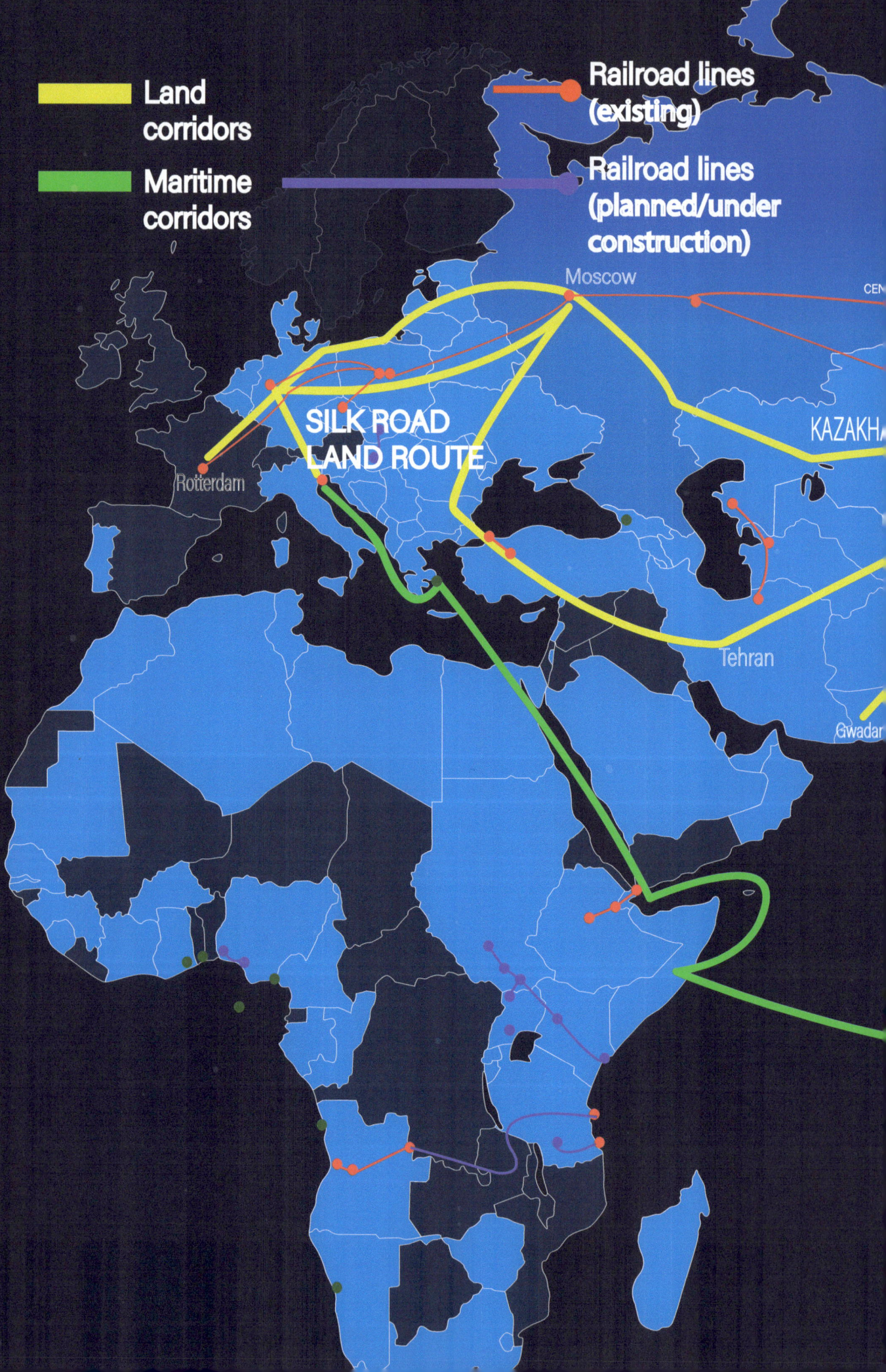

Land corridors

Maritime corridors

Railroad lines (existing)

Railroad lines (planned/under construction)

SILK ROAD LAND ROUTE

Moscow

CEN

KAZAKH

Tehran

Gwadar

Rotterdam

Ports with Chinese engagement (existing)

Ports with Chinese engagement (planned/ under construction)

RUSSIA

XINJIANG REGION

Mongolia

Almaty

CHINA

Xian

INDIA

Kolkata

MYANMAR

Kuala Lumpur

SILK ROAD SEA ROUTE

As of 2013, 82% of China's oil imports and 20% of its gas imports pass through the Strait of Malacca

Sammanfattningsvis är det nuvarande tillståndet av Företagsamheter en flock av dysfunktionella fläckar av zombies från andra världskriget eran. De är förordnade av ett gäng top–down Good Old boys klubb från ett västerländskt elfenbenstorn. Tyvärr har världen gått vidare, och i dag, som nämnts tidigare, sker den mesta av marknadstillväxten där 96 % av de 7,8 miljarderna människor bor. Vi har en minimal insats och lite förståelse för situationen, vilket Kina utnyttjar genom ekonomisk och digital kolonisering. Vi måste omarkitektera företagsamheten från nedifrån och upp–perspektivet. De kära ledarna från IVY:s salar felade genom att bara titta på toppen av pyramiden. Som ett exempel (baserat på min erfarenhet):

★ Så kallade SNAKE[47] OIL–försäljare bygger >75 % av typiska företagsarkitekturer idag. Många är mestadels ett gäng grodor i brunnen som arkitekterat på öres-visa, kron-dumma stiftelser. De är ruttna med politiska egon inom finans/företag, IT, implementeringspartners, offshoreleverantörer, Big 4 PPTs, ...

★ Ju större förmögenhet (företagets storlek), desto mindre önskvärt är företaget

★ >75 % av typiska företagsimplementeringar är körda.

★ >75 % av typiska företagsöverlevare är dysfunktionella Frankenstein zombies från M&A, omvända fusioner, inversion, TESCM, BPO, omvandlingar, uppsägningar, outsourcing, och andra sätt av överdriven finansiell ingenjörsamhet.

★ >75 % av arkitekturen för typiska företagsamheter föregår World Wide Web (WWW) eran – med andra ord motsvarar denna arkitektur inte den digitala tidsåldern. IT, traditionell redovisning och de flesta affärsfunktioner (särskilt repetitiva) är på gränsen till automatisering av AI BOTs i molnet. IT/Affärssystem kommer att utvecklas från Transaktionell –> Operationell –> Prediktiv Analys via Artificiell Intelligens bottar/BOTs (Robot Automation i Molnet).

Kina spenderar miljarder dollar på att stödja sina kvasi företag och har redan överträffat sina mål för 2025 som fastställdes av kommunistpartiet (Kinas kommunistiska parti) 2015. De har redan skoningslöst eliminerat sina västerländska konkurrenter på produkter och tjänster med högre–värde produkter och tjänster som 5G, teknikinfrastruktur, flyg/rymd och halvledare. De har uppnått oberoende från utländska leverantörer för sådana produkter och tjänster.

Nu är västerns företagsamhet före WWW (World Wide Web) arkitektur missbrukad och föråldrad. Den har förlorat sin motståndskraft och kan inte konkurrera med företag från öst. Idag står vi inför dessa utmaningar på grund av det korrupta systemet i Washington DC, Gordon Gekkos Privatkapital och företagsrånare (vissa finansierade av Kina), Twitter–drivna Wall Street algoritmer och den resulterande överdrivna finansiella manipulationen.

Våra ledare blev bortkopplade från verkligheten. Boende i sina orörda tempel av riggad kapitalism, kokar de upp finansiella system. Under de senaste tio åren har börsen skjutit upp över 250 % utan någon produktiv tillväxt, och finansingenjörskap missbrukade den utmärkta balansräkningen. De har skakat om kapitalismens grundvalar.

"I ett väsentligt ekonomiskt avmattningsscenario, hälften så allvarligt som den globala finanskrisen, kan företagens skuldsättning i riskzonen (skuld i företag som inte kan täcka sina räntekostnader med egna intäkter) stiga till 19 biljoner dollar – eller nästan 40 % av den totala företagsskulden i stora ekonomier – över krisnivåerna".

— Global rapport om finansiell stabilitet, IMF (2019)[48] —

Många av dagens stora företag är främst dödgående konglomerat från fusioner och förvärv, Reversa fusioner, Inversioner, TESCM, BPO, transformationer, Sparkningar, Outsourcing, och andra typer av överdriven finansingenjörskap. Huvuddelen av företagen kommer att försegla sitt eget öde i händerna på kinesiska immateriella rättigheter (Intellectual Property, IP) gamar, som i diagrammet nedan:

"Vi måste inse att kinesiska företag, delvis med stöd av statliga medel, i allt högre grad försöker köpa upp europeiska företag som är billiga att förvärva eller som hamnade i ekonomiska svårigheter på grund av coronakrisen... Kina kommer att bli vår största konkurrent i framtiden, i ekonomiska, sociala och politiska termer...

Jag ser Kina som den strategiska konkurrenten till Europa, som representerar en auktoritär samhällsmodell, som vill utöka sin makt och ersätta Förenta staterna som en ledande makt...

Europeiska unionen bör därför reagera på ett samordnat sätt och sätta stopp för den "kinesiska shoppingturnén".

— Manfred Weber —
(Chef för EPP-gruppen i EU-parlamentet (NPR Nyheter, 17/5/20))

The Gods Must be Crazy!
Typical Empire Rise & Fall

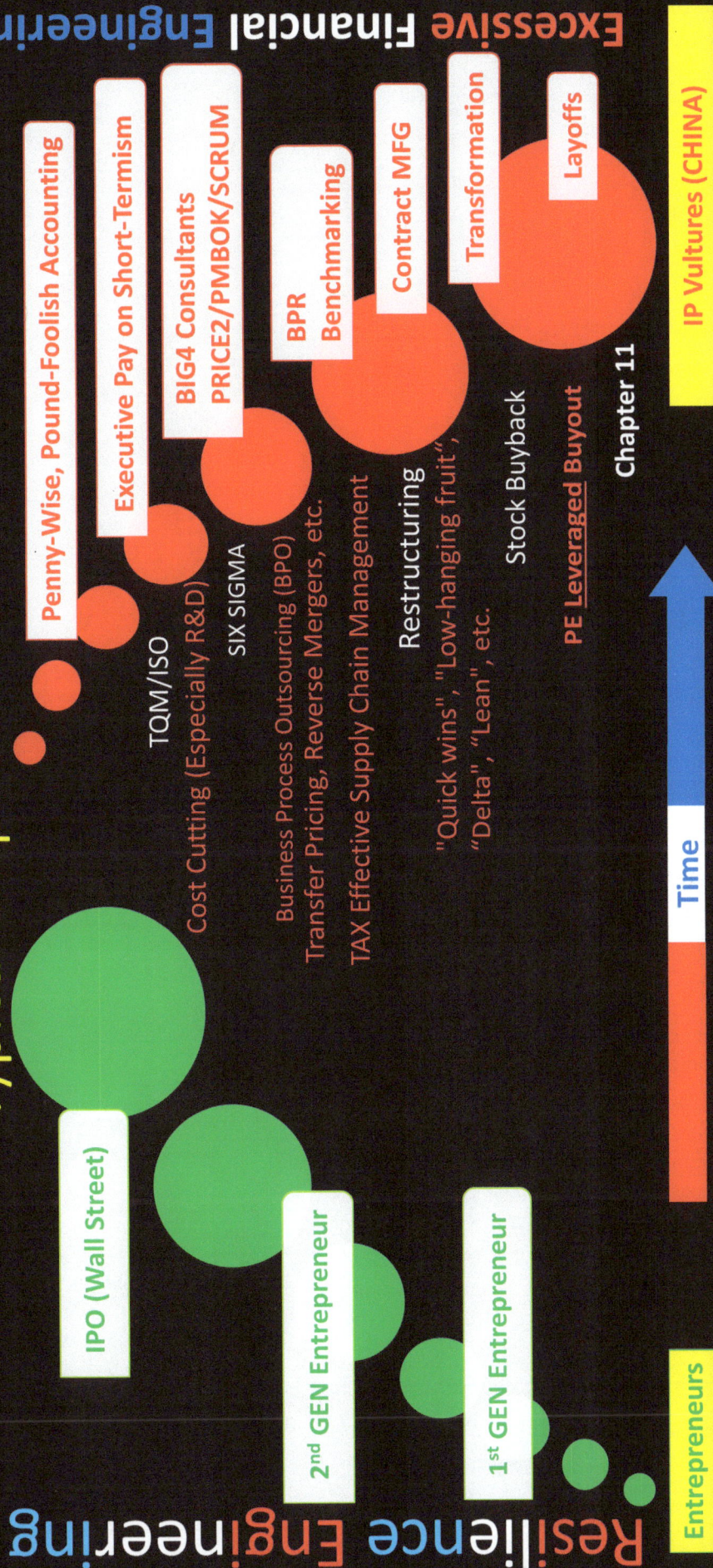

Excessive **Financial** **Engineering**

Penny-Wise, Pound-Foolish Accounting

Executive Pay on Short-Termism

BIG4 Consultants
PRICE2/PMBOK/SCRUM

BPR
Benchmarking

Contract MFG

Transformation

Layoffs

IP Vultures (CHINA)

Chapter 11

TQM/ISO

SIX SIGMA

Cost Cutting (Especially R&D)

Business Process Outsourcing (BPO)
Transfer Pricing, Reverse Mergers, etc.
TAX Effective Supply Chain Management

Restructuring

"Quick wins", "Low-hanging fruit",
"Delta", "Lean", etc.

Stock Buyback

PE Leveraged Buyout

Time

IPO (Wall Street)

2ND GEN Entrepreneur

1ST GEN Entrepreneur

Entrepreneurs

Resilience **Engineering**

www.ERM.Mavericks.com

Ay Yi Yai Yi! We are in the middle of The New World Order!

GUDARNA MÅSTE VARA GALNA![49]

MIN RESA FRÅN KOMMUNISTERNAS LAND TILL KAPITALISMENS SYMBOL

> "Att känna fienden gör att du kan ta offensiven, att känna dig själv gör det möjligt för dig att stå på defensiven." Han tillägger: "Attack är försvarets hemlighet; försvar är planeringen av en attack".
>
> Sun Tzus Krigskonsten (cirka 476–221 f.Kr.)

Låt mig erkänna; Jag är en slösaktig kapitalistisk cowboyson till socialistiska föräldrar från Guds eget land Kerala, Indien. Tack vare katolska skolor, som drivs av missionärerna som våra europeiska kolonisatörer förde med sig, har kommunister valts demokratiskt i mer än ett halvt sekel i Kerala, med Marx, Lenin, Stalin, och Che som dyrkas av vårt folk som supergudar. Även om vi tillhör medelklassen hade mina föräldrar, som båda var lärare, aldrig lyxen att ta semester vid den tiden, så jag tillbringade de flesta skolloven på pappas collegebibliotek och läste *västerländska* reseskildringar.

Vi hade ingen TV hemma, och den enda filmen de någonsin tog mig till teatern för att se var *Gandhi*. Ironiskt nog blev jag så småningom den globala EPM-arkitekten på #1 showbusiness i världen, AMC Theatres, som en gång ägdes av Kinas rikaste man. Som ett resultat av min frigörelse, eller kanske som hämndaktion för de senaste två decennierna, slösade jag bort de pengar som min hårt arbetande fru tjänade genom att jaga fåglar och svänga min kamera i de globala vildmarkerna över 20 länder. Tack vare det kinesiska *executiva GIFT ledarprogrammet*[50] (https://global-inst.com/learn/) i Kambodjas dödsfält[51] fann jag tröst genom att vandra i djunglerna Chiangmai-Chiangrai, Laos, och Myanmar på jakt efter ormvin[52]. När jag smuttade på ormvinet brukade jag undra, hur kommer det sig att dessa resursrika länder är så utarmade? (Enligt Hernando de Sotos forskning har sådana länder mer rikedom än de 12 viktigaste västerländska aktiemarknaderna tillsammans.) Ändå koloniseras dessa länder ekonomiskt av Kina och tigger västerländska välgörenhetsorganisationer som försöker vaska sin skuld grönare.

I "New Normal"-åldern, där världen förlorar förtroendet för en oreglerad statlig valutatryckpress på Helikopter (kvantitativa lättnader (QE)[53], ironiskt nog blir en värdelös gul metall (guld) återigen *guldstandarden* för nationernas rikedom och de smutsigt rika. I mer än ett sekel sög USA upp större delen av världens deklarerade guldreserv, cirka 8 000 ton. Bakom dem håller de gamla europeiska vakterna tillsammans ytterligare 10 000 ton. Tro det eller ej, enligt World Gold Council (WGC), gömmer de fattigaste av de fattiga indiska kvinnorna olagligt mer än 25 000 ton av samma värdelösa gula metall under sina madrasser (en underjordisk ekonomi). På jakt efter svar på *Huvudstadens mysterium* blev jag voodoodyrkare av Hernando de Soto och hans bok *The Mystery of Capital: Why Capitalism Triumphs in the West and Fails Everywhere Else.*

Låt mig dela med mig av några av mina personliga erfarenheter om detta mysterium. Det tog mina föräldrar nästan tre decennier att bygga sitt hem efter att ha sparat 97 % av byggkostnaden. Det tog dem ytterligare ett decennium att betala tillbaka de återstående 3 % med en ränta på 30 % från lånehajar. Som en underbar cowboykapitalist har jag knappt sparat några pengar hittills. För att vara ärlig, jag har haft lite tro på det meningslösa papperet som säger, *In God We Trust* [*Gud vi litar på*].

"Timmen av kapitalismens största triumf är dess kristider".

──────── Hernando de Soto ────────
(Kapitalets mysterium: Varför kapitalismen triumferar
i väst och misslyckas överallt annars)

Medan alla var i farten med tillbakabetalning av lån genom försäljning av tillgångar för att minska skuldsättning under den ekonomiska tsunamin 2008 blev jag en kvintessens Gordon Gekko som försökte utnyttja kapitalismen. Jag lyckades knäppa upp två ikoniska fastigheter i Nordamerika (värderade till över en miljon dollar), i snabb följd (inom två år). Jag tog ett 97 % hypotekslån, och inom några månader hade jag refinansierat det och tagit ut över 1000 % av handpenningen för ett sött 30-årigt lån till en ~3 % ränta.

Mot konventionell visdom beräknade jag också satsningar på internationella marknader och valutans leriga vatten, som betalade sig exponentiellt. Jag besökte Kina ett par gånger också (förutom mitt kinesiska *GIFT executive leadership program* (https://global-inst.com/learn/); jag brukade också vara ansvarig för PMI [Project Management Institute = Projektledningsinstitut] Kina som PMI Asiatisk Regional Mentor. Jag kapitaliserade på den explosiva Extreme Finansiell Ingenjörsamhetsmarknaden och återföddes till en EPM-karriär från den ekonomiska tsunamin 2008 och hamnade i BIG4-världen. Ju mer jag tittade på finansvärlden i väst, desto mer desillusionerad blev jag.

Finansiell Ingenjörsamhets termiterna har angripit den västra kapitalist huvudramen som byggdes av Roosevelt. Nu kollapsar det som ett korthus. Kommunistisk auktoritärism (ÖST) koloniserar världen ekonomiskt genom skuldfälladiplomati. Efter två decennier ser det ut som om att jag måste rida tillbaka genom Mad Max fury road och klättra genom de kapitalistiska spillrorna från Roosevelt trions arv.

Ay Yi Yai Yi! We are in the middle of The New World Order!

DEN NYA VÄRLDSORDNINGEN

> *All krigföring bygger på villfarelse. Därför måste vi, när vi kan attackera, verka oförmögna; när vi använder våra styrkor måste vi verka inaktiva; när vi är nära måste vi få fienden att tro att vi är långt borta; när vi är långt borta måste vi få honom att tro att vi är nära.*
>
> Sun Tzus Krigskonsten (cirka 476–221 f.Kr.)

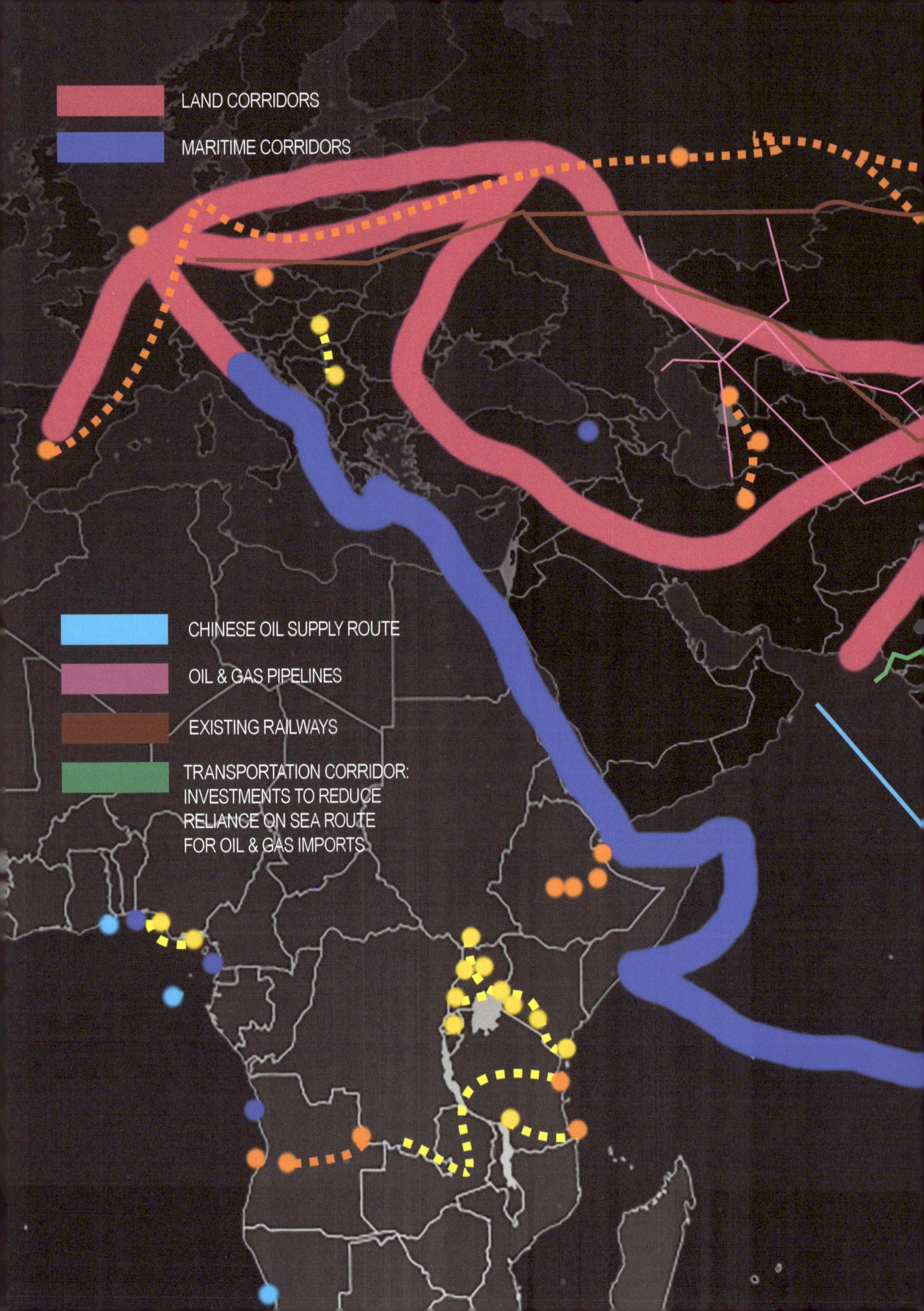

LAND CORRIDORS

MARITIME CORRIDORS

CHINESE OIL SUPPLY ROUTE

OIL & GAS PIPELINES

EXISTING RAILWAYS

TRANSPORTATION CORRIDOR:
INVESTMENTS TO REDUCE
RELIANCE ON SEA ROUTE
FOR OIL & GAS IMPORTS

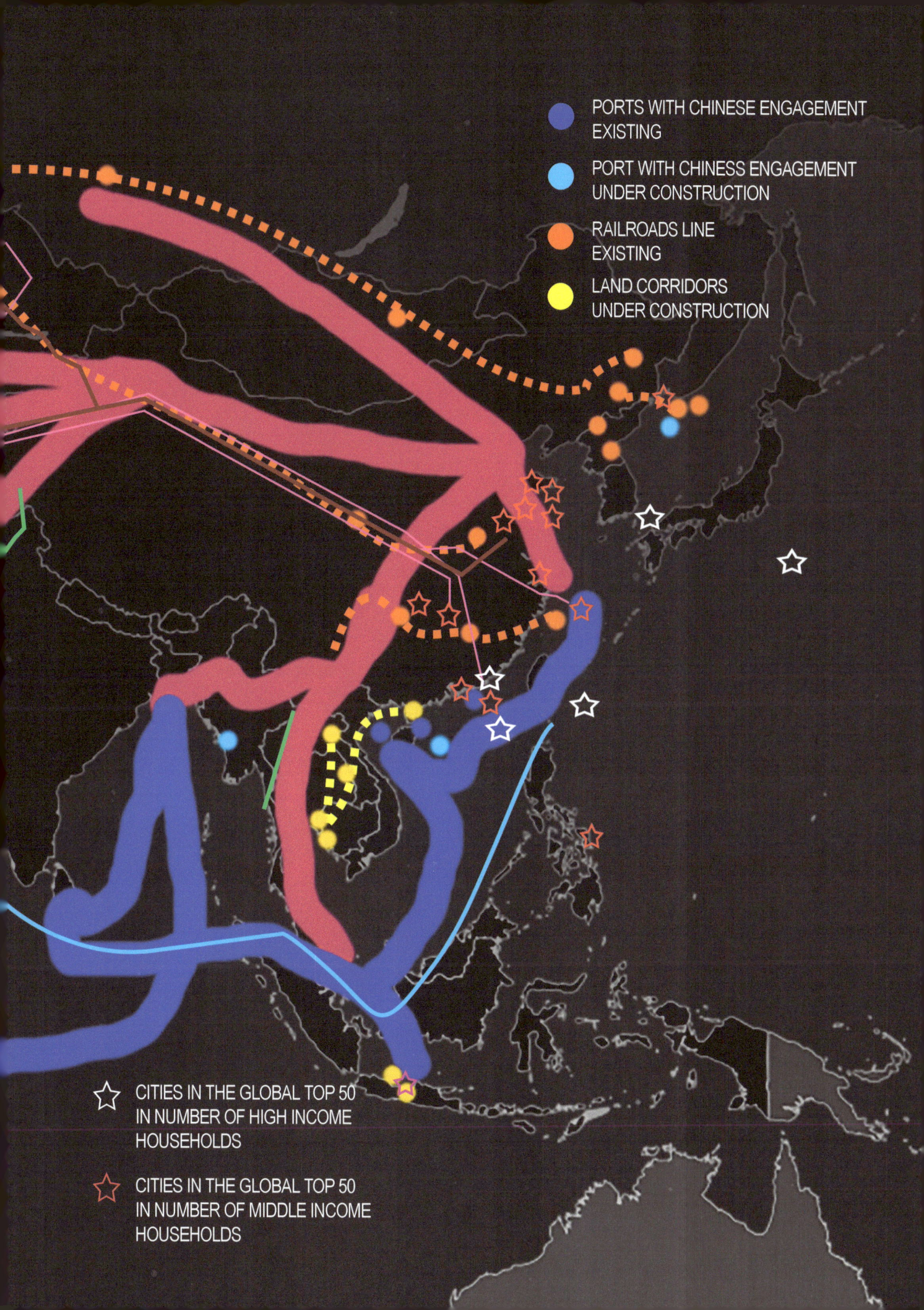

PORTS WITH CHINESE ENGAGEMENT
EXISTING

PORT WITH CHINESS ENGAGEMENT
UNDER CONSTRUCTION

RAILROADS LINE
EXISTING

LAND CORRIDORS
UNDER CONSTRUCTION

CITIES IN THE GLOBAL TOP 50
IN NUMBER OF HIGH INCOME
HOUSEHOLDS

CITIES IN THE GLOBAL TOP 50
IN NUMBER OF MIDDLE INCOME
HOUSEHOLDS

Medan jag hukade ned mig på grund av COVID, hade jag möjlighet att analysera hur jag fann mig i kapitalismens personifikation. Tack vare Roosevelt trion blev vi, USA, ett exceptionellt imperium på jorden för ett sekel sedan. Tyvärr verkar det som om osten nu har flyttat tillbaka från varifrån jag kom (östern).

Jag har en förståelse för hur och när imperier stiger och faller. Till exempel är de mest framstående företagen hittills 1600–talets holländska ostindiska företaget (~$10 miljarder) och 1700–talets brittiska ostindiska företaget (~$5 miljarder), allt via piskande (kolonisering) och stöld av dollar från mina förfäder. Dessa företagsamheter och imperier varade i cirka 200 år vardera.

Den tankeväckande historien om deras uppgång och fall väckte min nyfikenhet. Hur jämförs deras berättelser med företagsamheten i det nuvarande tillståndet av imperier? Det blev tydligt att nästa auktoritära kejsare bankar på vår dörr för att återigen ekonomiskt (och digitalt) kolonisera oss, ungefär som det som hände mina förfäder. I tiden efter COVID–19, där Kina är på en extremt accelererad kurs, är jag rädd att vi är dömda att falla som en kniv. Med ett öga på den blodiga historien kan jag inte låta bli att undra vilken typ av "Ny Normal" som ligger framför oss.

The Gods Must be Crazy!

The Phoenix: Fall & Rise

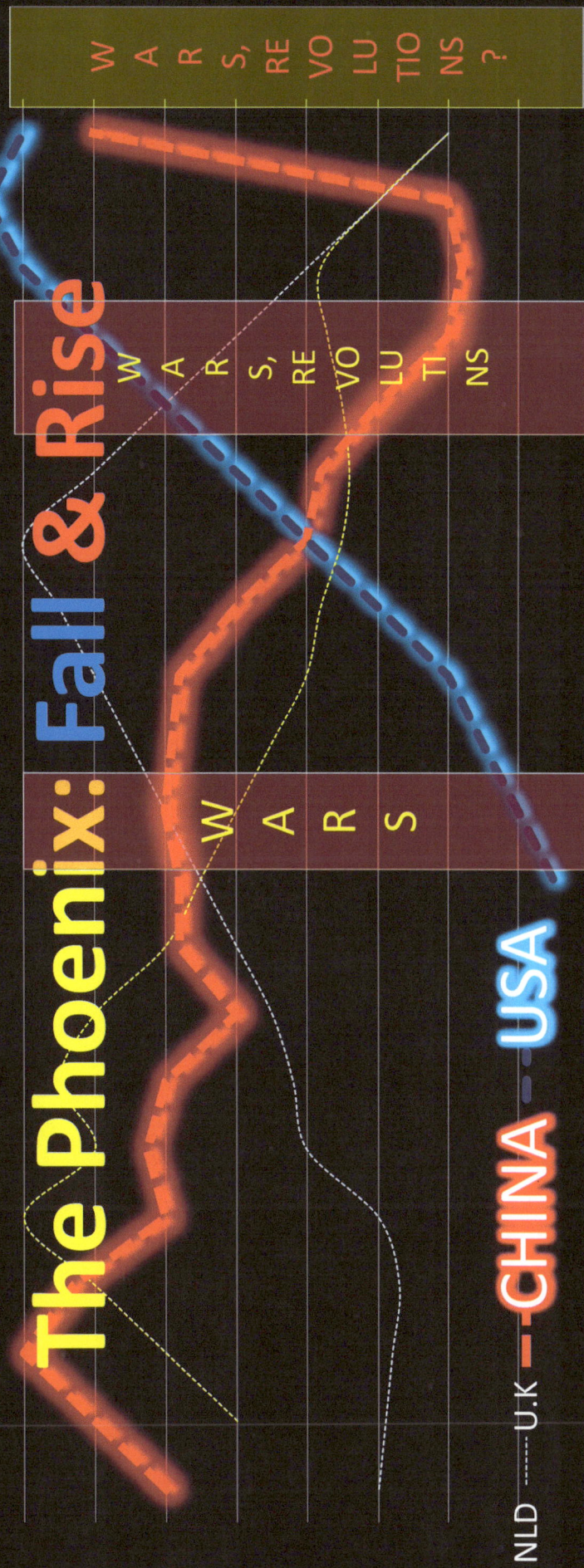

WARS, REVOLUTIONS?

WARS, REVOLUTIONS

WARS

---- NLD ----- U.K. ---- CHINA ---- USA

1500 1525 1550 1575 1600 1625 1650 1675 1700 1725 1750 1775 1800 1825 1850 1875 1900 1925 1950 1975 2000

YEAR

Adapted Source Data: The Changing World Order, By Ray Dalio

Ay Yi Yai Yi! We are in the middle of The New World Order!

Ay Yi Yai Yi! We are in the middle of The New World Order!

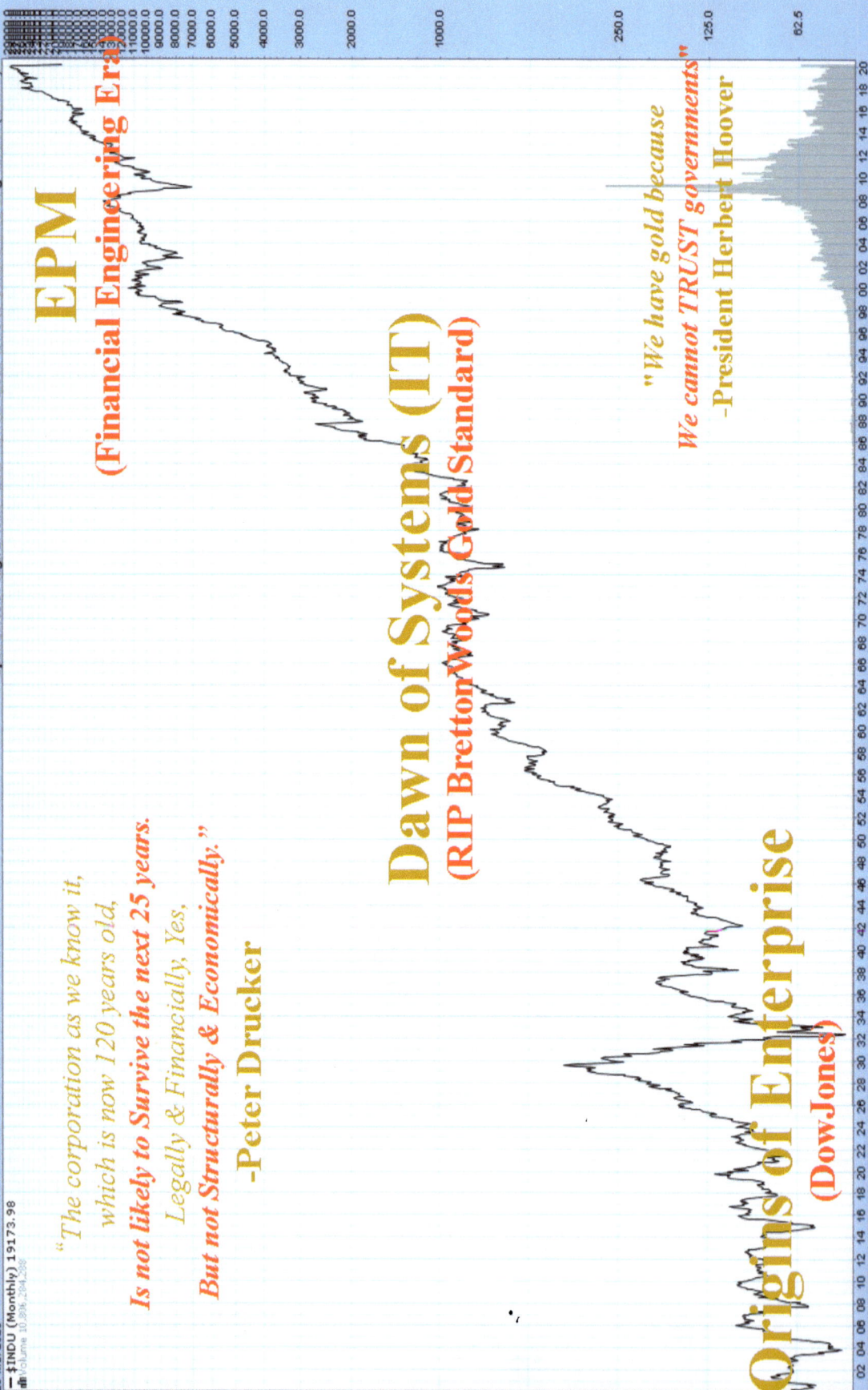

DEN NYA FÖRETAGSAMHETSORDERN

★★

Jag kommer att testa min hypotes med hjälp av förutsägelsen av min älskade MBA–ledningsguru för två och ett halvt decennium sedan:

**"Företaget, som vi känner det, som nu är
120 år gammalt,
är inte troligt att överleva de kommande 25 åren.
Juridiskt och ekonomiskt, ja,
men inte strukturellt och ekonomiskt".**

— Peter Drucker, Cirka 2000 —

★★

"Varje rike som är splittrat mot sig självt ödeläggs, och ingen stad eller hus som är splittrat mot sig självt kommer att stå".

Sun Tzus Krigskonsten (cirka 476–221 f.Kr.)

Min hypotes, som jag har utvecklat sedan den senaste ekonomiska tsunamin på Dow Jones indexet, illustreras nedan:

Centrala Grundsatser i Hypotesen

Företagetsamhetens överlevnad är navelsträngs–beroende av ekosystemens framgång runt omkring det. Ekosystemet är utan tvekan beroende av dess sponsrande gudfadersimperium.

Jag tror att gudfaderimperiets överlevnad beror på särskilda styrkemått, vilka är:

1. Ledarskap
2. STEM utbildning (naturvetenskap, teknik, ingenjörsvetenskap och matematik)
3. Forskning och strategisk teknik
4. Arkitektur för infrastruktur
5. Digital arkitektur
6. Kunskapshantering
7. Diplomati
8. Guldstandard i världsvaluta
9. Elektro–dollar
10. Finansiellt kapital
11. Säkerhet
12. Transformativa digitala storstrategier och förordningar

Bilden nedan visar hur uppkomsten och fallet av olika gudfaderimperier har inträffat under de senaste fyra århundradena.

The Gods Must be Crazy!
Typical Empire Rise & Fall

Excessive Financial Engineering

Gordon Gekko

Financial Engineering

Restructuring

Wars & Revolutions

Sovereign Vultures (CHINA)

Comfort Zone

Honeymoon

New Normal

Entrepreneurs

Resilience Engineering

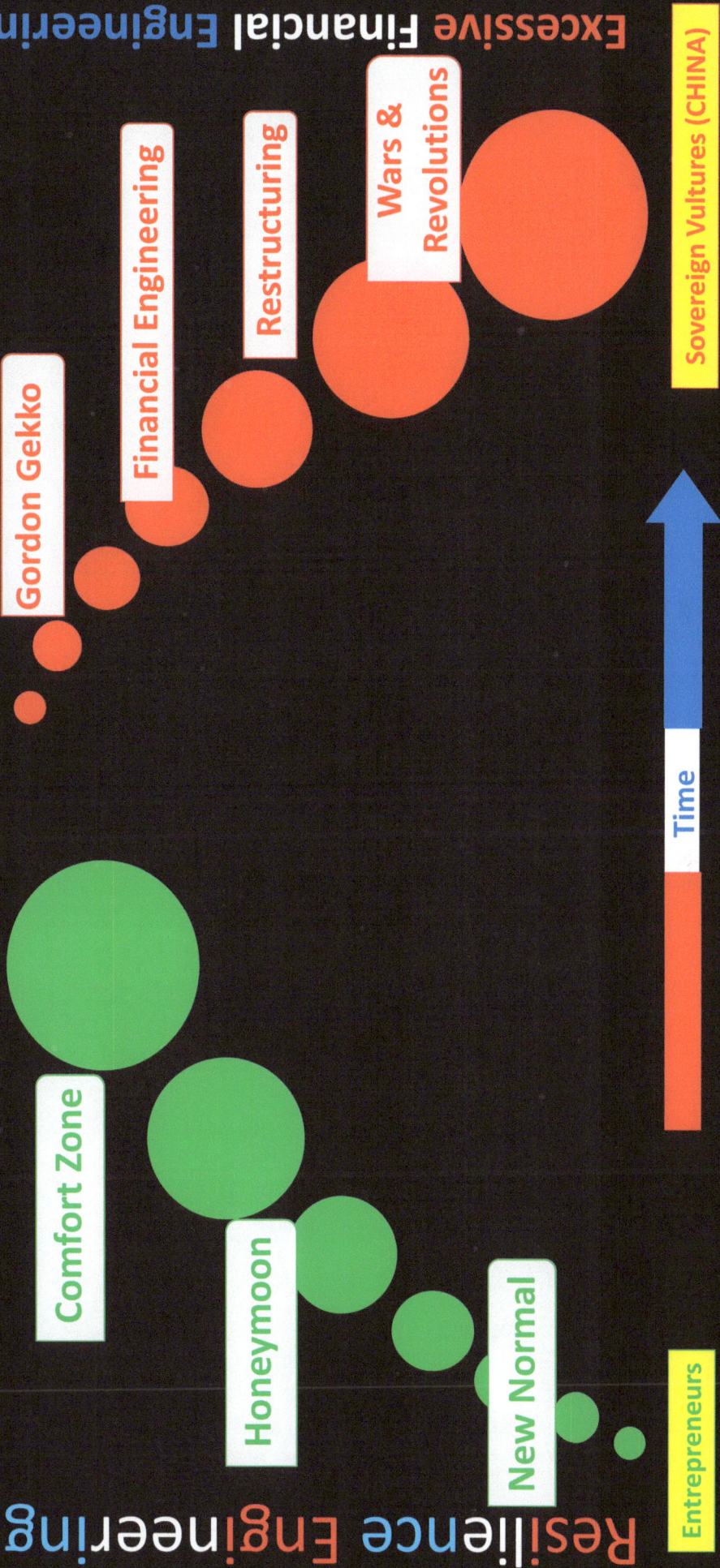

Time

www.ERM.Mavericks.com

Ay Yi Yai Yi! We are in the middle of The New World Order!

"Tänk på ditt ursprung. Du var inte bildad
för att leva som ett odjur, men för att följa dygd och kunskap".

Dante Alighieri

Ay Yi Yai Yi! We are in the middle of The New World Order!

I början av ett imperium finns det en smekmånadsperiod av stamharmoni och välstånd. Men när det imperiet faller in i sin komfortzon blir det alltför självsäkert och dess livsstil förändras. När dess livsstil förändras blir det girigt. Girighet är grunden för kapitalismen, vilket leder till en Gordon Gekko[54] (ikonen för extrem girighet i den klassiska Oscarsbelönade filmen "Wall Street") period av hävstångs-skapitalism. Denna spänning av bubbelridande leder till högre och högre nivåer av testosteron. En dag spricker bubblan, och vi börjar förvränga verkligheten (finansiell ingenjörsamhet). Förvrängande verklighet kommer att ta oss till mer betydande tektoniska förändringar, och sedan kommer vi att börja 'koka' böckerna genom kvantitativa lättnader[55]. Slutligen, när den ekonomiska tsunamin slår till, kommer det att bli krig och revolutioner. Alla asätare kommer att samlas och besluta om den nya stam ordningen; detta händer oss för närvarande.

Tyvärr **är det halvtid, Amerika, och vår andra halvlek är på väg att börja[56]!**

Jag hoppas verkligen att om vi i VÄST spelar våra trumfkort rätt, **så kan vi utmärka oss också i vår andra halvlek.**

"Tänk på ditt ursprung. Du var inte bildad för att leva som ett odjur, men för att följa dygd och kunskap".

— Dante Alighieri —

Vi har en formidabel drake som har skakat sin champagneflaska under de senaste två decennierna och otåligt väntar på att öppna korken i tiden efter COVID–eran. Den kinesiska draken är på en uppåtgående bana, och vi faller snabbt, vilket bara ökar hotet. Jag tror uppriktigt sagt att vi åtminstone kan jämna ut nedgångens kurva och undvika de katastrofala omvandlingarna om vi spelar våra kort rätt.

Gods Must be Crazy!

The Rise of the Dragon

Catacomb of Capitalism

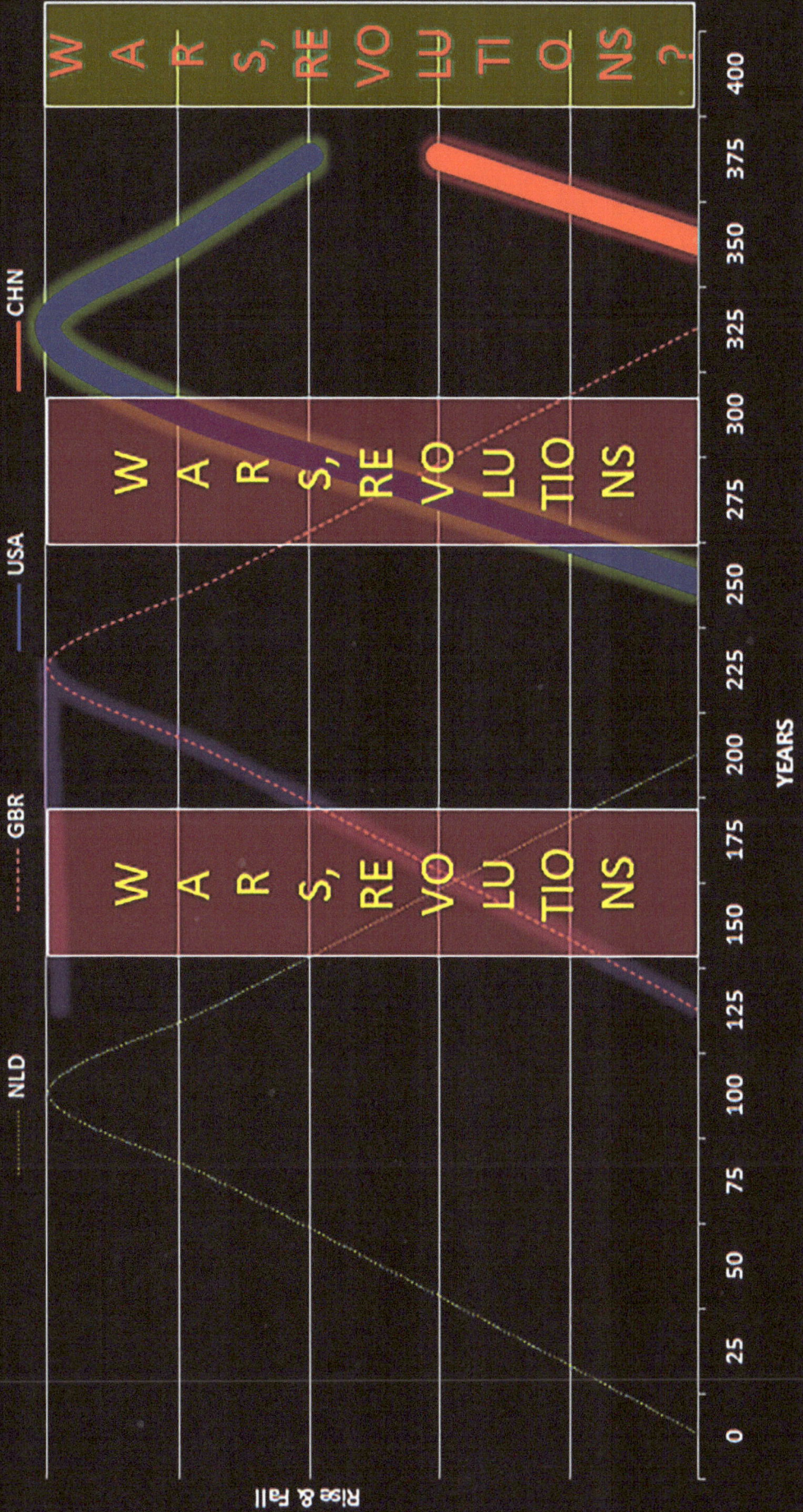

Adapted Source Data: The Changing World Order by Ray Dalio

Ay Yi Yai Yi! We are in the middle of The New World Order!

Ay Yi Yai Yi! We are in the middle of The New World Order!

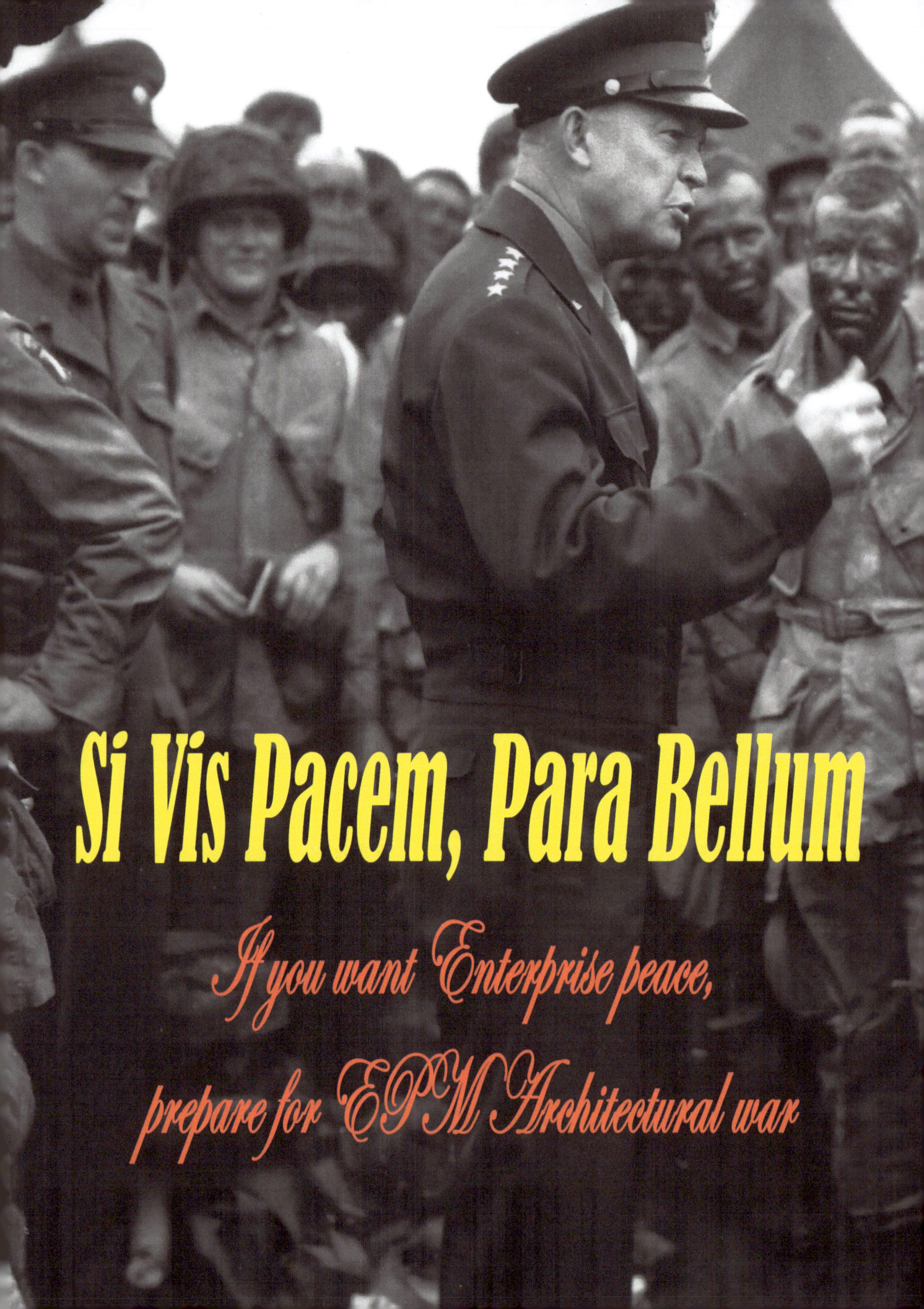

Si Vis Pacem, Para Bellum

If you want Enterprise peace, prepare for EPM Architectural war

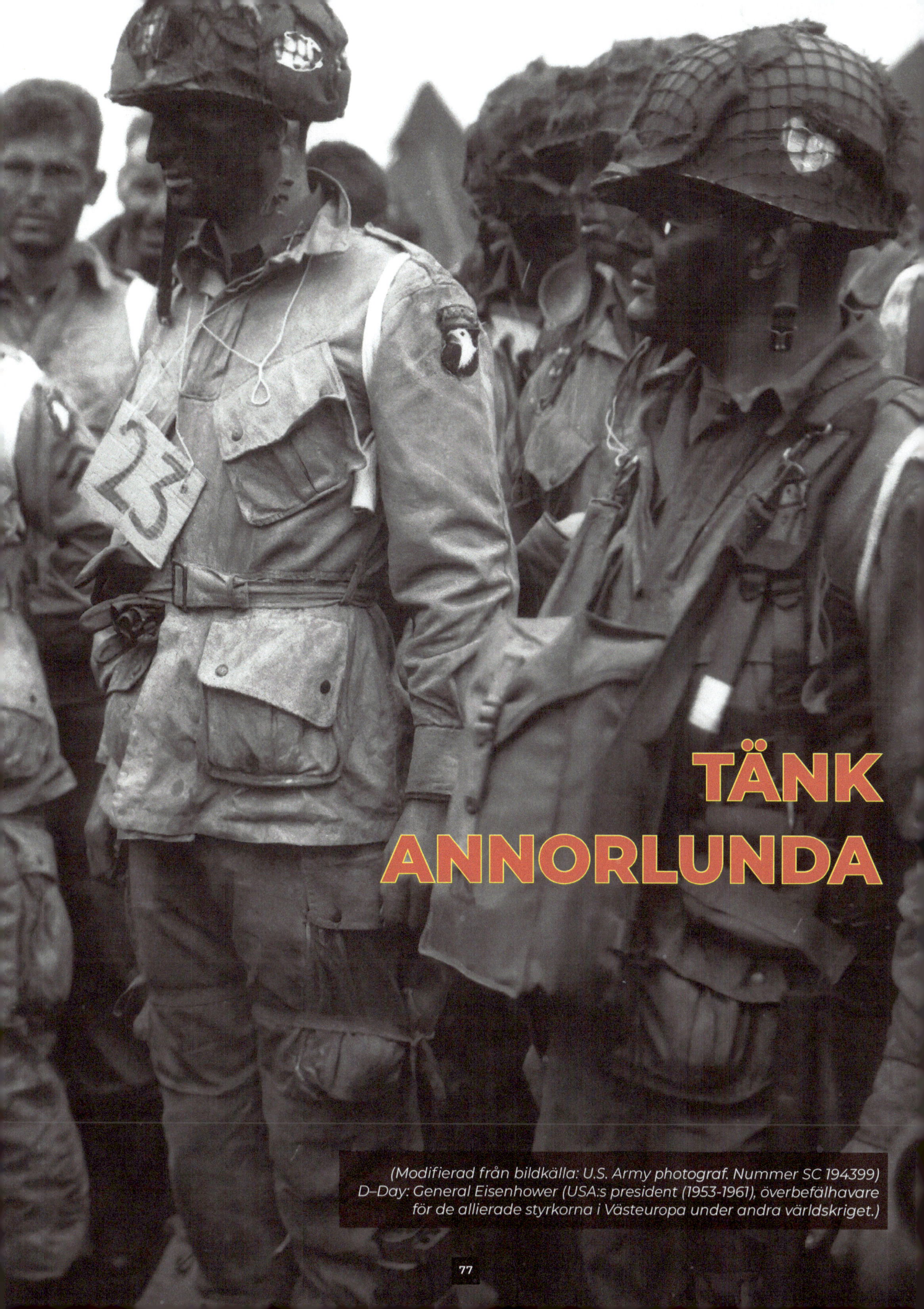

TÄNK ANNORLUNDA

(Modifierad från bildkälla: U.S. Army photograf. Nummer SC 194399)
D–Day: General Eisenhower (USA:s president (1953-1961), överbefälhavare
för de allierade styrkorna i Västeuropa under andra världskriget.)

"MARTIN: Peking är mycket uppmärksamt på det bistånd som det ger till länder som drabbats hårt av coronaviruset. Oroar du dig för att Kina har börjat använda mjuk makt på ett sätt som ytterligare kommer att undergräva USA:s inflytande på den globala arenan?

GATES: Ja. Och de planerar att göra mer. Och vad värre är, har vi – som boken påpekar – försvagat alla maktinstrument utom vår militär. Och verkligheten är att om vi har tur och vi är smarta, kommer vi inte att ha en militär konflikt med Kina. Men konflikten kommer att äga rum, rivaliteten kommer att äga rum, på alla dessa andra arenor, och det är där vi är oförberedda. Och vi har ingen strategi".

F.d. försvarsminister Robert Gates
(NPR [National Public Radio])

Ay Yi Yai Yi! We are in the middle of The New World Order!

Komposit av Eleanor Roosevelt, Franklin D. Roosevelt, och
Teddy Roosevelt (Med tillstånd av Franklin D. Roosevelt
Presidentiella Biblioteket och Theodore Roosevelt
Kollektionen, Houghton Bibliotek, Harvard Universitet).

VEM BYGGDE DET AMERIKANSKA KAPITALISTISKA IMPERIET?

★★

Det skulle vara bra om vi tittade på det amerikanska imperiets ursprung. Amerikanska presidenter innehar det mest formidabla ämbetet i världen och triumferar på en unik plats i epicentrum för nationella och världshändelser. Jag har analyserat alla våra presidenter sedan 1900 för att upptäcka vårt imperiums ursprung. Vilka var kejsarna på den gamla goda tiden, och vad är deras vägledande principer?

"Tvivla aldrig på att en liten grupp omtänksamma, engagerade medborgare kan förändra världen. Det är faktiskt det enda som någonsin har gjort det".

—— Margaret Mead ——

★★

> *Segerrika krigare vinner först och går sedan ut i krig, medan besegrade krigare går ut i krig först och sedan försöker vinna.*
>
> **Sun Tzus Krigskonsten (cirka 476–221 f.Kr.)**

Jag fann att svaren redan hade upptäckts för ett sekel sedan. Det stora amerikanska kapitalistiska imperiet skapades av Roosevelt under första hälften av 1900–talet. Som överbefälhavare är presidenter obestridligen de viktigaste arkitekterna i världshistorien. Föraktligt nog har det systematiskt demonterats och lossats genom Amerixit (en amerikansk version av självutnämnd Talaq[57] (skilsmässa Islam) från global supermaktsstatus – liknande Storbritanniens Brexit från EU). USA behöver återgå till ‹Dust Bowl› från vilken Roosevelt en gång räddade kapitalismen. Roosevelt trion planlagde ramverket för de senaste 75 årens fred och välstånd i världen genom att avsluta andra världskriget. De lade också grunden för FN, WHO, UNESCO, UNICEF, mänskliga rättigheter, med mera. I stället för att avveckla dessa institutioner och föra oss in i fjärde riket måste vi sträva efter att förbättra dem och göra dem mer robusta.

Den amerikanska ekonomin, som Roosevelt byggde, var cirka 40 % av världens BNP (1960). Den är nu mindre än 15 % i offentlig–privata partnerskap och sjunker snabbt. Samtidigt är Kinas ekonomi över 20 % av världens BNP[58] och gasar på för fullt. Det är dags att lära av den amerikanska kapitalismens ursprungliga arkitekter. Vi måste förbereda oss för det förestående kriget så att vi kan återuppbygga det innan det är för sent.

Vi måste *be* för att få tillbaka den gamla goda "New Deal" och äkta ledare som Roosevelt trion (Theodore, Franklin, och Eleanor). De mötte liknande stridigheter under utmanande historiska ögonblick för ett sekel sedan, såsom första världskriget, spanska sjukan, den stora depressionen, och andra världskriget. Vi måste leta efter våra bleknande trumfkort i Roosevelts ursprungliga dammskål. Dessa kort var *styrkemåtten*:

(Följande förteckning är dessa åtgärder, men de har blivit anpassade till dagens miljö):

1. Ledarskap
2. STEM utbildning (naturvetenskap, teknik, ingenjörsvetenskap och matematik)
3. Forskning och strategisk teknik
4. Arkitektur för infrastruktur

The Gods Must be Crazy!

The Rise & Fall Measures of Empires

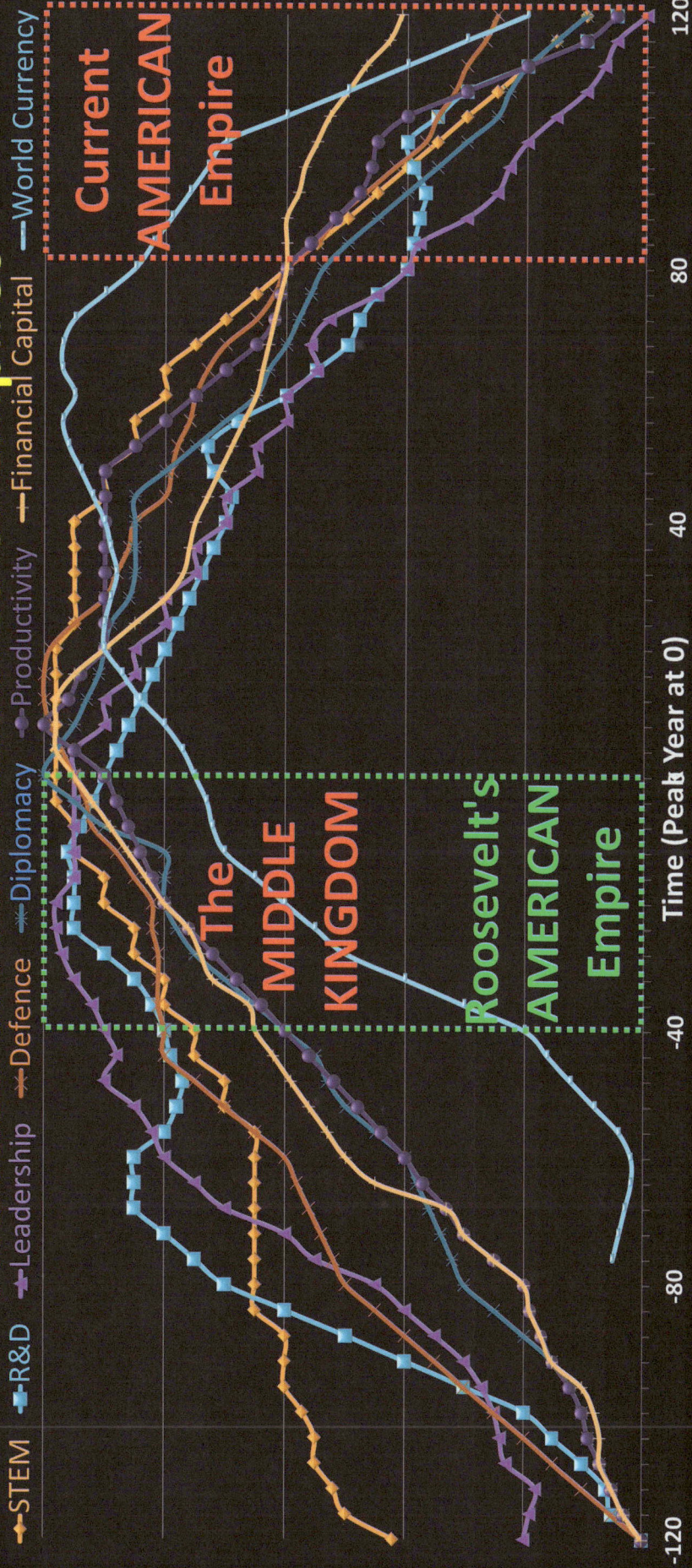

STEM R&D Leadership Defence Diplomacy Productivity Financial Capital World Currency

Current AMERICAN Empire

The MIDDLE KINGDOM

Roosevelt's AMERICAN Empire

Time (Peak Year at 0)

-120 -80 -40 0 40 80 120

www.EBMMavericks.com

Theodore Roosevelt (Republikansk president av Förenta staterna från 1901 till 1909):

"Åstadkom handling, gör saker," var hans inställning till alla ansträngningar, politiska såväl som andra.

Theodore Roosevelt var den yngsta personen någonsin att bli USA:s president. Han var en föregångare till den progressiva rörelsen. Theodore kämpade för sin "Square Deal" nationella politik, försäkrade den genomsnittliga jämlikheten hos medborgarna, bröt dåliga förtroenden, och fokuserade på järnvägar och renheten hos mat och droger. Han gjorde naturvård till en topprioritet och etablerade många nya nationalparker, skogar och monument för att bevara landets naturresurser.

På den utrikespolitiska sidan fokuserade Roosevelt på Centralamerika, där han började bygga Panamakanalen. Theodore Roosevelt utökade den amerikanska flottan och skickade sin *stora vita flotta*, en ny marinstyrka, på en världsturné för att driva USA:s maritima makt. TR:s framgångsrika försök att medla i slutet av det rysk–japanska kriget gav honom Nobels fredspris år 1906.

Franklin D. Roosevelt (USA:s 4-gånger demokratiske president från 1933 tills han dog 1945):

Även med försvarsproduktionslagen[59] har vi fortfarande svårt att tillverka något så viktigt men nödvändigt som ansiktsmasker i nuvarande Coronavirus (COVID–19) åldern. FDR översåg det första året av landets superladdade produktion. Det ultraproduktiva schemat resulterade i 45 000 flygplan, 45 000 stridsvagnar, 20 000 luftvärnskanoner, och 8 miljoner ton i nya fartyg.

Trots sin förlamande polio vid 39 års ålder blev han president vid 50 års ålder. Han var vår orubblige överbefälhavare som styrde landet genom två stora katastrofer (den stora depressionen och andra världskriget). FDR tjänstgjorde som överbefälhavare längre än någon annan president. Hans arv formar fortfarande vår förståelse av regeringens och presidentskapets roller.

Franklin D. Roosevelts politik och personalitet satte guldstandarden för det moderna presidentskapet. FDR skapade både respekt och förakt och utövade modigt ledarskap under den mest tumultartade perioden i nationens historia sedan inbördeskriget. FDR valdes i rekordartade fyra presidentval och höll en avgörande roll i globala händelser under första halvan av 1900-talet.

Genom utmaningarna från den stora depressionen ledde Roosevelt den federala regeringen och genomförde sitt New Deal inhemska program som svar på den värsta ekonomiska krisen i USA:s historia. Det statliga "skyddsnät" han skapade skulle vara hans mest otroliga arv och en källa till pågående kontroverser. Han anses av forskare vara bland landets största presidenter efter George Washington och Abraham Lincoln.

Eleanor Roosevelt

Hon var känd som "Världens Ledande Dam". I mer än trettio år var Eleanor Roosevelt Amerikas mäktigaste kvinna. Miljoner avgudade henne, men hennes FBI–fil var tjockare än en hög med telefonböcker. Hon uttalade sig orädd för medborgerliga rättigheter, och KKK (Ku Klux Klan) satte ett pris på hennes huvud.

Satiriserad som en ful beskäftig person av media hjälpte Eleanor Franklin D. Roosevelt att stiga till makten och blev hans mest värdefulla politiska tillgång. Hon framhärdade, likgiltig inför angreppet av hån, kämpade outtröttligt för social rättvisa för alla, och tog en ledande roll i FN:s banbrytande deklaration om mänskliga rättigheter.

FDR gick in i Vita huset mitt i den stora depressionen, som började 1929 och varade ungefär ett decennium. Presidenten och kongressen genomförde snart en rad återhämtningsinitiativ som är kända som New Deal för att bekämpa den ekonomiska nedgången. Eleanor reste genom USA som ledande dam, agerade som sin mans ögon och öron, och rapporterade tillbaka till honom. President Harry S. Truman kallade henne senare "världens ledande dam" för att hedra hennes prestationer när det gäller mänskliga rättigheter.

> *"Den skicklige ledaren kuvar fiendens trupper utan strid; han erövrar deras städer utan att belägra dem; han störtar deras rike utan långa operationer på fältet".*
>
> Sun Tzus Krigskonsten (cirka 476–221 f.Kr.)

Vi borde se över vår grundläggande kapitalistiska doktrin från Roosevelt–tiden:

"För närvarande i världshistorien måste nästan varje nation välja mellan alternativa sätt att leva. Valet är alltför ofta inte gratis. Ett sätt att leva bygger på majoritetens vilja och utmärks av fria institutioner, representativa myndigheter, fria val, garantier för individuell frihet, yttrandefrihet och religionsfrihet, samt frihet från politiskt förtryck. Den andra livsstilen bygger på en minoritets vilja att med tvång påtvinga majoriteten. Den bygger på terror och förtryck, en kontrollerad press och radio, fixade val, och undertryckande av personliga friheter. Jag anser att det måste vara Förenta staternas politik att stödja fria folk som motsätter sig försök till underkuvning av väpnade minoriteter eller påtryckningar utifrån.

....

Fröna från totalitära regimer matas av elände och vilja. De sprider sig och växer i den onda jorden av fattigdom och stridigheter. De når sin fulla tillväxt när hoppet om ett folk för ett bättre liv har dött. Vi måste hålla hoppet vid liv. De fria folken i världen vill ha stöd för att upprätthålla sina friheter. Om vi vacklar i vårt ledarskap kan vi äventyra freden i världen och vi kommer säkert att äventyra vår egen nations välfärd".

Trumandoktrinen (1947)

(Modifierad från Källa: Leon Perskie Porträtt, 1944, FDR President Biblioteket & Museum)

*(Modifierad från källa:
FDR President Biblioteket & Museum)*

Jalta toppmöte 1945 med Churchill, Roosevelt, och Stalin

ETT FÖRSLAG ATT ÅTERFÖRA ROOSEVELT TEMPLET

> "Opportunistiska relationer kan knappast hållas konstanta. Bekantskapen med hedervärda människor, även på avstånd, lägger inte till blommor i värmetider och ändrar inte sina löv i kalla tider: den fortsätter oblekt under de fyra årstiderna, och blir alltmer stabil när den passerar genom lätthet och fara".
>
> Sun Tzus Krigskonsten (cirka 476–221 f.Kr.)

Mitt förslag är inriktat på strategier som vi tidigare lyfte fram för att återuppliva västerländska företag, nämligen:

1. Ledarskap
2. STEM utbildning (naturvetenskap, teknik, ingenjörsvetenskap och matematik)
3. Forskning och strategisk teknik
4. Arkitektur för infrastruktur
5. Digital arkitektur
6. Kunskapshantering
7. Diplomati
8. Guldstandard i världsvaluta
9. Elektro–dollar
10. Finansiellt kapital
11. Säkerhet
12. Transformativa digitala storstrategier och förordningar

Spindeldiagrammet nedan representerar en fågelperspektivjämförelse mellan Roosevelts kapitalistiska era och dagens Amerika, i motsats till de framsteg som kineserna gjorde. Detaljerna kommer att förklaras i varje avsnitt (låt mig veta era perspektiv för att konsolidera och uppdatera dessa grafer).

Med statligt stöd koloniserar kinesiska företag effektivt världen genom att ekonomiskt påverka mer än 150 länder med minst 10 miljarder dollar i skuldfälladiplomati, nästa generations Belt & Silk Road, och andra högteknologiska infrastrukturprojekt.

Vårt nuvarande kapitalistiska system från 1800–talet är under ledning av korrupta PACs (Politiska Åtgärdskommittéer) och lobbyister i träsket (Washington DC), Gordon Gekkos Private Equity, och företagsrånare, av vilka många finansieras av kineserna. Twitter-drivna Wall Street algoritmiska beslutsprocess är en skam. Våra företagsamhetsexperter blir snart frånkopplade från verkligheten för 96 % av mänskligheten. De bor i ett elfenbenstorn och koncentrerar sig bara på överdriven finansingenjörsamhet. Knappt någon produktivitet eller försäljningstillväxt har skett under det senaste decenniet. Trots detta har Dow Jones stigit mer än 250 % under de senaste tio åren, främst genom finansingenjörsamhet. Bli–rik–snabbt systemen har slösat bort den betydande balansräkningen, och nu darrar kapitalismens grundvalar.

Vi bör reformera våra företagsamheter för att marschera in i 2100-talet genom att lära av det bästa av tyskarna och östern (Singapore, Kina, Japan, Sydkorea, osv.) Företagsamhetens överlevnad är sammanflätad med uppkomsten och fallet av dess sponsrande gudfaderimperier, som vi har bevittnat under de senaste fem århundradena. Kinesiska kommunistpartiets resiliensingenjörer spenderar strategiskt miljarder dollar för att hänsynslöst eliminera många av sina västerländska förlorade kapitalistiska finansingenjörsamhetsmästare, speciellt på 2100-talets generations uppfinningar. Kvasi–statliga företagsamheter har befriat från sitt arv västerns Gordon Gekko licensmästare och utländska partners för bättre produkter och tjänster.

Sammanfattningsvis måste vi fördubbla våra företagsinvesteringar på följande områden för att befria oss från de nya kommunistiska auktoritära mästarna:

The Gods Must be Crazy!
US vs China Competitiveness Dashboard
(Representative Example scores)

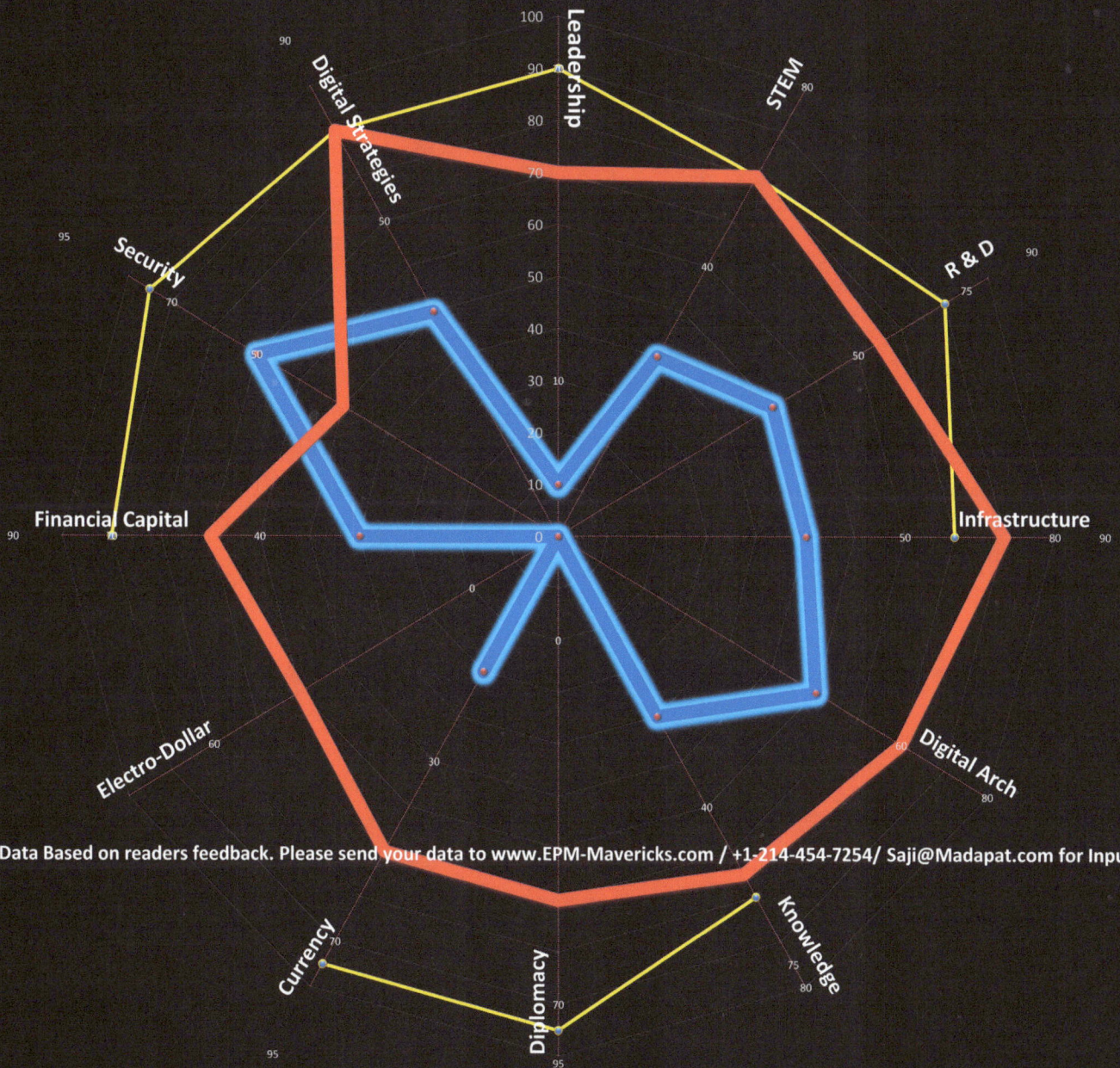

Roosevelt's USA · Current USA · CHINA

Data Based on readers feedback. Please send your data to www.EPM-Mavericks.com / +1-214-454-7254/ Saji@Madapat.com for Input

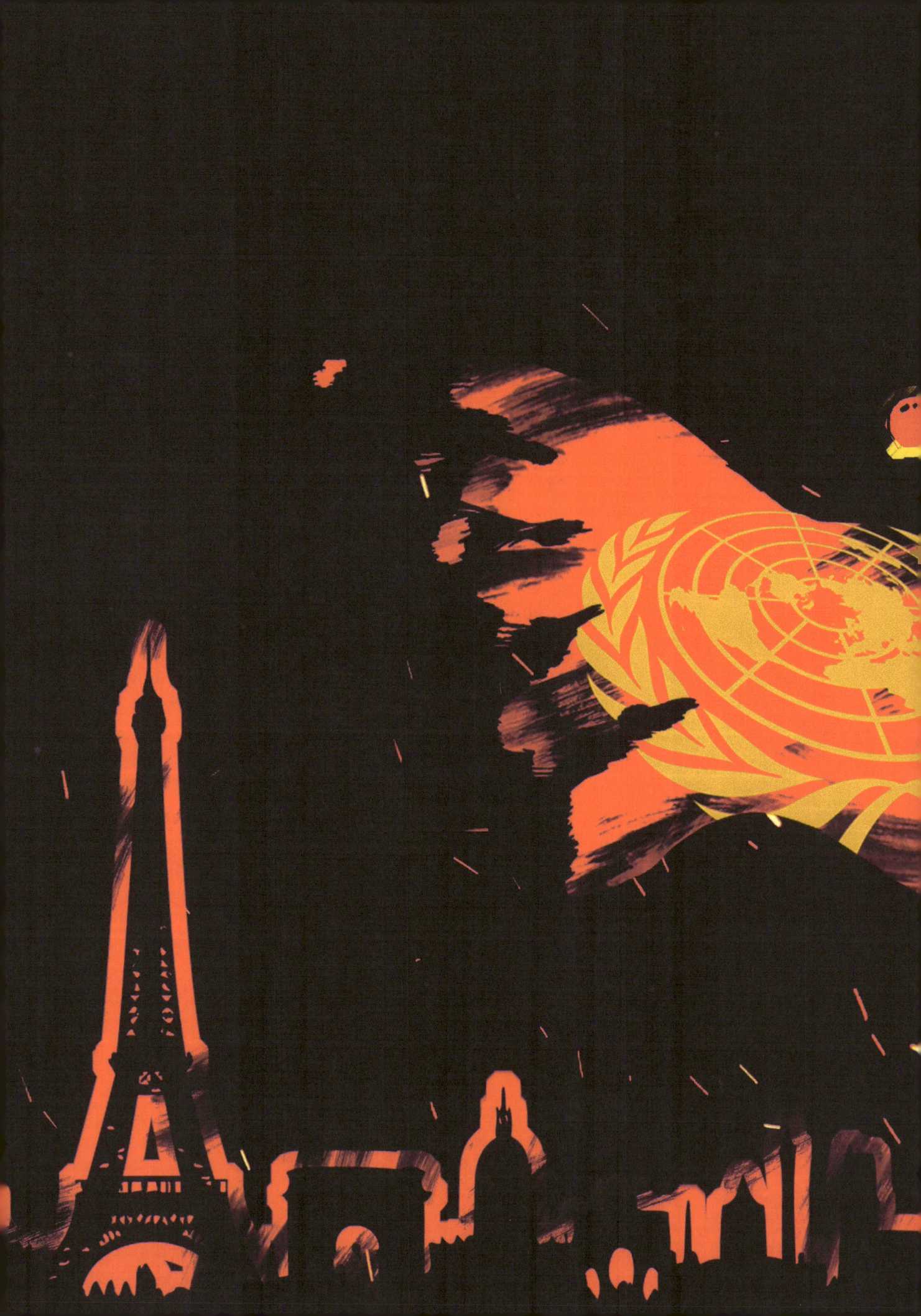

Ay Yi Yai Yi! We are in the middle of The New World Order!

1. Ledarskap

Harvard Kennedy School deklarerar, *"När kommunistpartiet förbereder sig för att fira 100–årsjubileet av grundningen verkar partiet vara lika starkt som någonsin. En djupare motståndskraft är byggd på folkligt stöd för regimpolitik."* Denna forskningsuppsats om det kinesiska kommunistpartiet (CCP) är en serie publicerad av Ash Center for Democratic Governance and Innovation vid Harvard Universitys John F. Kennedy School of Government.

"Det finns lite bevis som stöder tanken att det kinesiska kommunistpartiet förlorar legitimitet i folkets ögon. Faktum är att vår undersökning visar att den kinesiska regeringen år 2016 var mer populär än någon gång under de senaste två decennierna. I genomsnitt rapporterade kinesiska medborgare att regeringens tillhandahållande av hälso- och sjukvård, välfärd, och andra viktiga offentliga tjänster var mycket bättre och mer rättvist än när undersökningen inleddes år 2003.

....

Som sådan fanns det inga verkliga tecken på spirande missnöje bland Kinas största demografiska grupper, vilket ifrågasatte tanken på att landet stod inför en kris av politisk legitimitet".

———————————— Harvard University (juli 2020) ————————————

"Endast 17 % av amerikanerna idag säger att de kan lita på att regeringen i Washington gör vad som är rätt "nästan alltid" (3 %)"

———————————— Pew forskningscenter ————————————
(Allmänhetens förtroende för regeringen: 1958–2019)

Eftersom historien tenderar att upprepa sig med hämnd, måste vi ha motståndskraftigt ledarskap, som Roosevelt trion, för att hantera vårt imperium och vår företagsamhet. Det är hög tid för ledare som FDR att dyka upp. Ledare som kan förvandla COVID–19 eländet till en uppmaning till mod, envishet, och hoppfullhet. FDR var USA:s mest exceptionella ledare. Han förde oss till förgrunden på den världshistoriska scenen genom att bygga grunden för kapitalism och modernt företagande. Vi måste be för visionära ledare, som Roosevelt trion, som kommer att bana upp återlösningsvägen till framtiden för att leda oss tillbaka till den skinande staden på kullen.

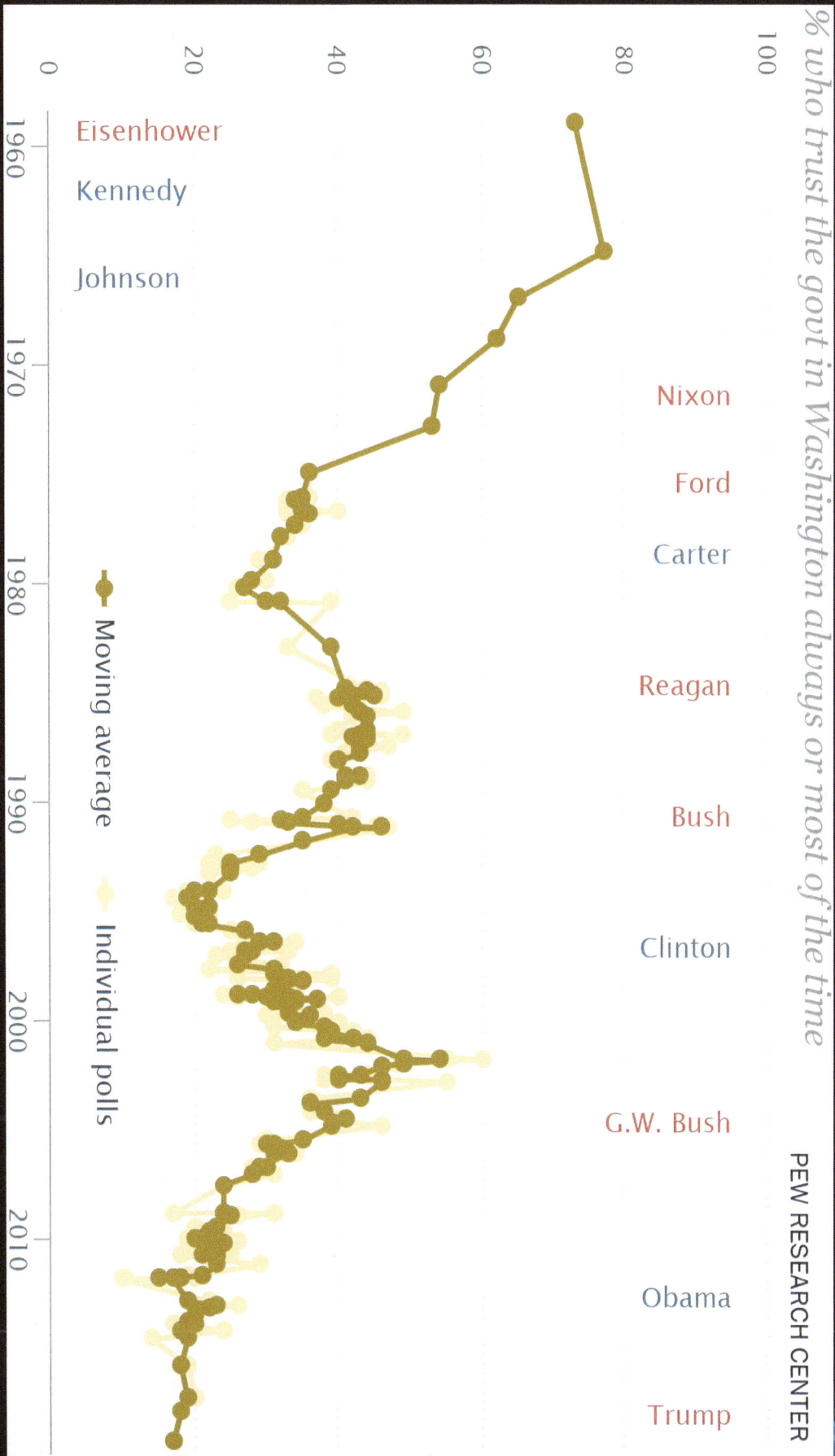

% who trust the gov't in Washington always or most of the time

PEW RESEARCH CENTER

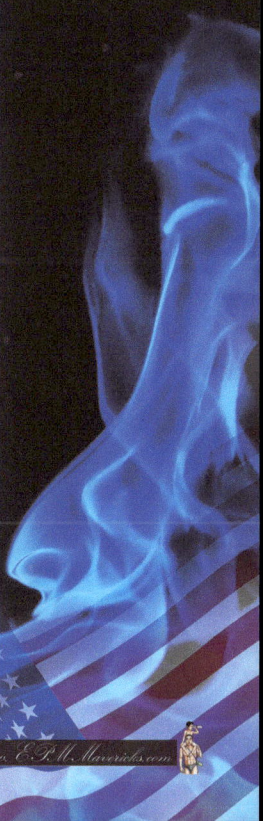

Eisenhower

Kennedy

Johnson

Nixon

Ford

Carter

Reagan

Bush

Clinton

G.W. Bush

Obama

Trump

Moving average

Individual polls

www.ERMMavericks.com

Winston Churchill hälsar Joseph Stalin med president Roosevelt utanför Livadia Palace under Jaltakonferensen, februari 1945.

När vi går igenom den existentiella klimatkrisen måste vi ha profeter som Theodore Roosevelt (TR), som insåg hur viktigt det var att bevara dessa tillgångar som vi är så välsignade att ha. TR skapade 150 nationalparker, fem nationalparker, 51 federala fågelreservat, fyra nationella viltreservat, och 18 nationella monument på över 230 miljoner tunnland offentlig mark.

När vi trasslar oss igenom Black Lives Matter eran, låt oss lära oss av "Världens Ledande Dam" (Eleanor Roosevelt), som omdefinierade nationen baserat på våra humanitära ansträngningar och social rättvisa kamp.

Franklin D. Roosevelt blev senare handikappad med polio, vilket förlamade honom från midjan och neråt, men han stod emot sjukdomen med djärvhet, uthållighet, och optimism. Som överbefälhavare styrde han vår nation genom den stora depressionen och ledde landet genom bankkrisen. Som under den stora depressionen står vi nu inför ekonomisk återhämtning som är beroende av miljontals komplexa beslut av miljontals aktörer, varav de flesta är självintresserade människor. När människor förlorade förtroendet för etablissemanget och dess system löste FDR finanskrisen genom att omgjuta förtroendet för systemet.

Våra ledare måste lära sig av dessa diplomater i god tro, vilka byggde relationsbroar med alla intressenter vid den mest kritiska tiden i historien. Tack vare FDR:s ihärdighet och ledarskap fick han oöverträffat stöd och samarbete från kongressen under den stora depressionen och andra världskriget. Han arbetade med Winston Churchill och andra världsledare för att lägga grunden till FN och många andra globala forum, vilket gav över sjuttiofem år av fred och välstånd. Han samarbetade till och med med kommunisten Josef Stalin för att erövra ondskans axel under andra världskriget. Han behärskade konsten av kompromisser och diplomati, som vi nu verkligen saknar i Washington och den geopolitiska världen. Han förband de vanliga männen och kvinnorna i nationen och världen genom hans eldstadssmåprat.

När grundläggande prövningar och vedermödor hotar vårt imperium och sandstränderna i våra företagsamhetsarkitekturer behöver vi ledare som Roosevelt trion, som kan återuppbygga och leda oss till den lysande staden på kullen genom att:

1. Inspirera oss med en vision, en strategi och en färdplan för vår framtid
2. Leda oss med hoppfullhet och självförtroende, oavsett hur osäker framtiden är
3. Vidta djärva åtgärder med beslutsamhet och resolution
4. Samarbeta med alla berörda parter och till och med förhandla med våra potentiella fiender för att utarbeta en handlingsplan
5. Verkställa beslut som gynnar det större bästa, även om det inte är politiskt korrekt

Det är hög tid att analysera Mittenriket för att bedöma hur bra de spelar sina trumfkort. Vår tid håller på att rinna ut. För vårt imperium och vår företagsamhet måste vi ha ädla och intelligenta ledare, som Roosevelt trion, som har självförtroende, beslutsamhet, integritet, och diplomati, utan vilka vi oundvikligen kommer att vackla.

2. STEM–utbildning (naturvetenskap, teknik, ingenjörsvetenskap och matematik)

> *"Djup kunskap är att vara medveten om störningar innan störningar, att vara medveten om faror innan faror, att vara medveten om förstörelse innan förstörelse, att vara medveten om katastrofer innan katastrofer. Kraftfulla åtgärder är att träna kroppen utan att belastas av kroppen, träna sinnet utan att användas av sinnet, arbeta i världen utan att påverkas av världen, utföra uppgifter utan att hindras av uppgifter".*
>
> Sun Tzus Krigskonsten (cirka 476–221 f.Kr.)

Kvaliteten på utbildningen har utigenom historien utbildat imperiernas ryggrad. En stark utbildning är ryggraden av tillväxt. Baserat på PISA–testresultaten från 2015 rankas USA redan i den 15:e lägsta percentilen i den utvecklade världen.

Tyvärr är offentlig utbildning och skolfinansiering de lägst hängande frukterna för budgetnedskärningar, särskilt efter COVID–19-eran. STEM–utbildning är den dyraste av alla och det mest naturliga bytet för budgetnedskärningar. Dessutom har den nuvarande ekonomiska situationen lett till hög arbetslöshet, vilket leder till instabilitet i hemmet, vilket i slutändan leder till dåliga akademiska resultat, brist på möjligheter, och en lägre inkomst. Dessa faktorer utvecklar en ond cirkel som leder till socioekonomisk och geopolitisk instabilitet runt om i världen.

I den nuvarande politiska miljön har utbildning blivit den sista prioriteringen. Förutom politiska förändringar måste vi undersöka kreativa lösningar, såsom partnerskap mellan filantropi, regering, och näringsliv, för att ta itu med denna typ av utmaningar. Vi måste upprätta offentlig–privata partnerskap som liknar den tyska tekniska och yrkesmässiga utbildningen (TVET).

Liksom i Singapore, Tyskland, Kina, Japan, Sydkorea, och Indien måste regeringen ta en aktiv ledarroll inom offentlig utbildning. Regeringen bör belöna och erkänna lärare baserat på deras prestationer. Som det ser ut nu certifierar Förenta staterna betydligt färre grundutbildningsingenjörer årligen än Kina eller till och med Indien.

Enligt OECD:s rapport (Organization for Economic Cooperation and Development) från 2018 spenderar USA mer på college än nästan något annat land. "Utgifterna per elev är orimliga, och det har praktiskt taget ingen relation till det värde som eleverna kan få i utbyte [60]."

The Gods Must be Crazy!
The Future (Degrees) of Science & Enginering

(Chart: Y-axis "Thousands" from 0 to 2000; X-axis "Year". Three lines: —China —United States —EU top 6. Source: Edicational statistics of OECD, NBS (China))

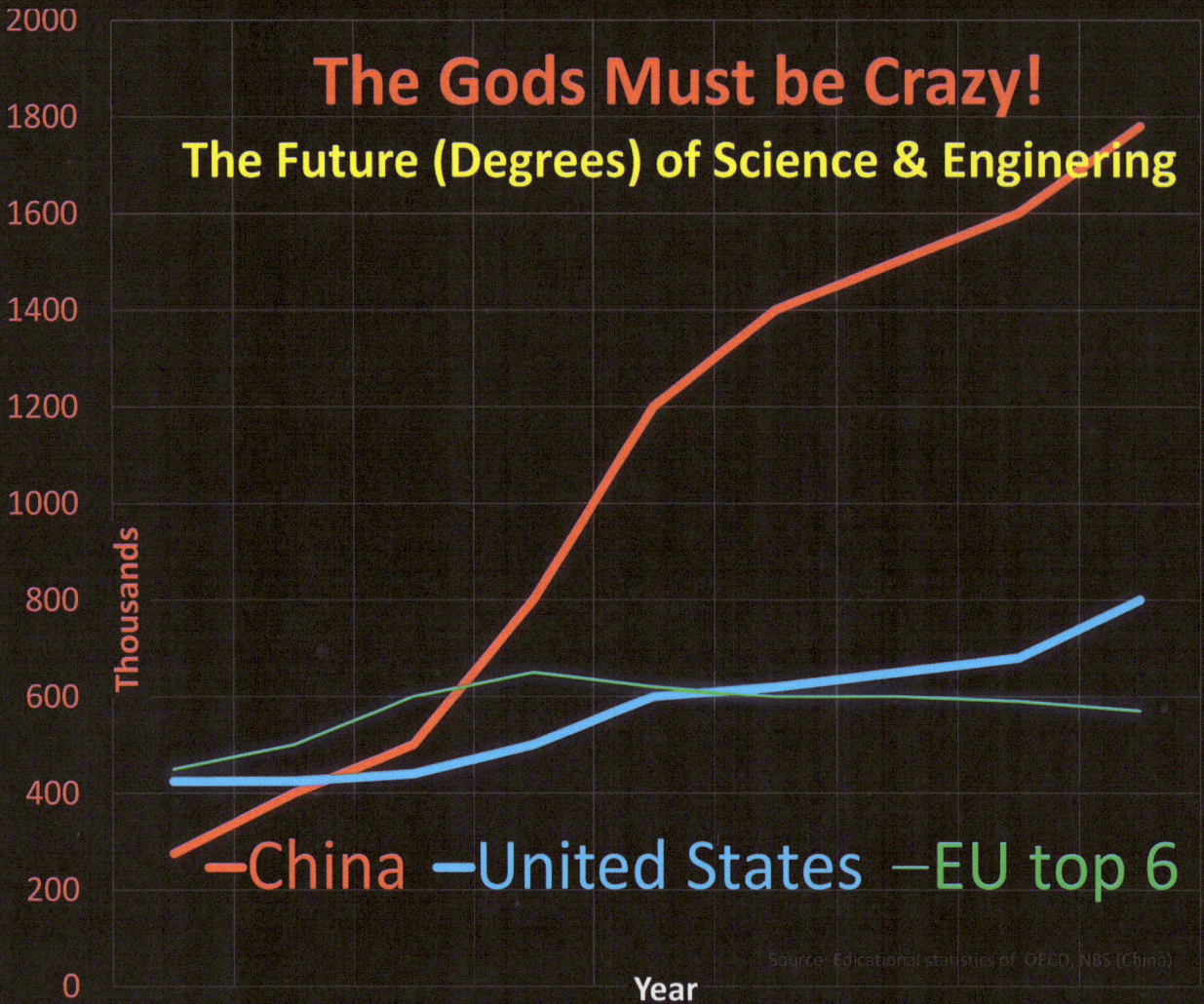

Dekadens är anledningen – flotta studentlägenheter, dyra måltider, och "manin för atletisk sport." Vi måste förändra utbildningssystemet och inleda partnerskap med filantroper som Bill Gates och Bloomberg för att utbilda och förbereda arbetskraften för 2000–talet. Som ett exempel, i IT:

★ IT/Affärssystem måste utvecklas från Transaktionell –> Operationell –> Prediktiv Analys Artificiell Intelligens BOT:ar (Robot Automation i Datamolnet)

★ Förutom IT är traditionell redovisning och de flesta affärsfunktioner (särskilt repetitiva) på gränsen till automatisering av AI–BOTar i molnet

Vår personalstyrka måste vara AI–redo, eftersom Robot Automation och Artificiell Intelligens kommer att vara nödvändig ondska för produktivitet och ekonomisk tillväxt. Miljontals människor över hela världen kommer att behöva byta yrke eller uppgradera färdigheter. McKinsey uppskattar att *mellan 400 miljoner och 800 miljoner individer kan vara under förskjutning genom automatisering och behöver hitta nya jobb innan 2030. Av de totalt fördrivna kan 75 miljoner till 375 miljoner behöva byta yrkeskategorier och lära sig nya färdigheter.*

3. Forskning och strategisk teknik

> *"Om du känner fienden och känner dig själv behöver du inte frukta resultatet av hundra strider. Om du känner dig själv men inte fienden, för varje seger du vunnit kommer du också att drabbas av ett nederlag. Om du varken känner fienden eller dig själv, kommer du att duka under i varje strid".*
>
> Sun Tzus Krigskonsten (cirka 476–221 f.Kr.)

Har Amerikas mest värdefulla företag förlorat sin mojo? Förutom aktieåterköpen och mjölkningen av de antika iPhonerna, tekniskt generationer bakom konkurrenterna från öst, vilka innovationer har Apple fört med sig under det senaste decenniet? Apple verkar ha dött med Steve Jobs.

Våra enhörningar i Silicon Valley ger sig ut, särskilt österut. Det verkar som om Silicon Valley också har gått vilse.

> ## "Riskkapital och teknologi start-up ekonomi skapar ett farligt "höginsats Ponzi–system" och en "bisarr Ponziballong."
>
> Chamath Palihapitiya
> (Miljardär investerare och tidigare
> Facebook Vice President för användartillväxt)

Kineserna ligger i framkant när det gäller den tekniska gränsen i gemensamma utrymmen såsom elektronik, maskiner, bilar, höghastighetsjärnvägar, och luftfart. Meröver, driver de också tekniska innovationer inom framväxande områden som 5G, förnybar energi, avancerad kärnenergi, nästa generations telekommunikationsteknik, stordata och superdatorer, AI, robotteknik, rymdteknik, och elektronisk handel.

Under 2018 lämnade kineserna in nästan 50 % av patentansökningarna över hela världen, med ett rekord på 1,54 miljoner i högteknologi. Jämför det med USA, som lämnade in mindre än 600 000. Kinas patentansökningar för artificiell intelligens överskred USA år 2014, och Kina har sedan dess behållit en hög tillväxttakt.

De flesta kinesiska ledare är ingenjörer som tänker utifrån ett strategiskt långsiktigt motståndskrafts– och värdeperspektiv, snarare än extremt kortsiktiga finansieringstekniska genvägar. De prioriterar och fokuserar på långsiktig 2100-tals teknik, inklusive artificiell intelligens, molntjänster, stor data analytik, blockchain, och informationskommunikationsteknik (ICT).

När den kinesiska Digitala Silk Road (sidenvägen, DSR) expanderar kommer dess pseudo företag att ha ovärderliga insikter om data globalt. Ungefär som hur FAANGs (Facebook, Apple, Amazon, Netflix och Google) använder dataaggregering i realtid för att analysera västvärldens kundbeteende. Eftersom de är associerade med den kinesiska regeringen kommer de att ha privilegierad tillgång till alla ämnen i Mellanriket, till skillnad från sina västerländska konkurrenter. Dessa kinesiska kvasiföretag kommer att ha extraordinära privilegier inom nästa gränsteknik som IoT (Internet of Things), AI (artificiell intelligens) och autonoma fordon till minst två tredjedelar av världen genom DSR–plattformen.

Tyvärr, i väst, drivs dagens företagsamhetsarkitekturer och teknik som föregår WWW (World Wide Web) av "läppstift på en gris" specialiserade finansiella ingenjörer. Deras design har ingen relation till den digitala tidsåldern. Som hände med Roosevelt trion, genom offentlig–privata partnerskap, bör universitet investera och vårda kärnindustrierna, liknande vad vi ser hända i Kina, Japan, Sydkorea, och Tyskland.

4. Infrastrukturarkitektur

> *"Generalen som vinner en strid gör många beräkningar i sitt tempel innan striden utkämpas. Generalen som förlorar en strid gör bara ett fåtal beräkningar".*
> Sun Tzus Krigskonsten (cirka 476–221 f.Kr.)

För att överleva måste vi utarbeta en modern version av "New Deal" som Franklin D. Roosevelt utförde för ett sekel sedan under liknande omständigheter. Precis som han gjorde måste vi göra betydande investeringar i vår förfallna infrastruktur.

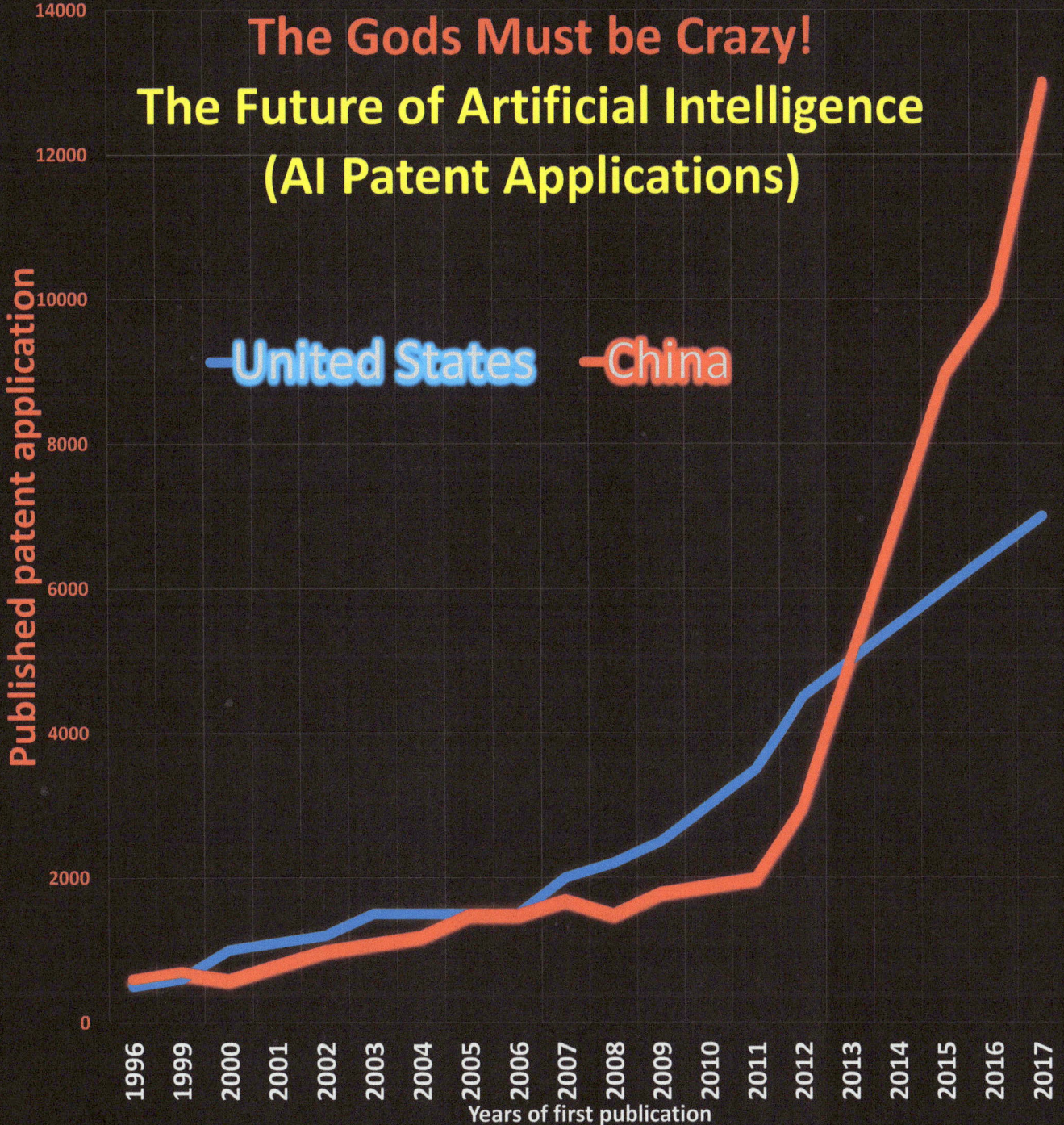

The Gods Must be Crazy!
The Future of Artificial Intelligence
(AI Patent Applications)

Railroadlines Under Construction

Railroadlines Existing

Ports with Chinese Engament
Existing
Ports with Chinese Engament
Under Construction

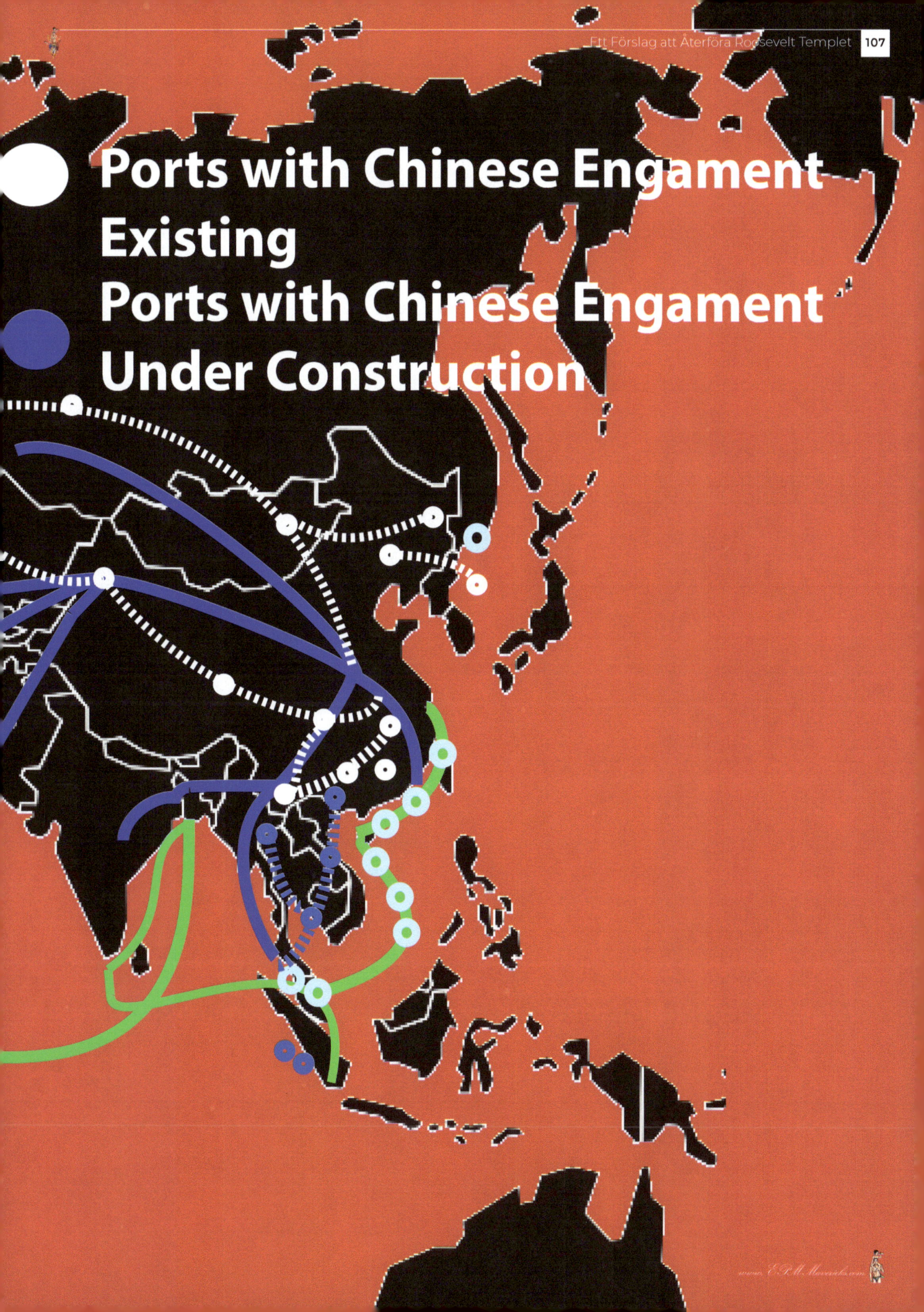

När Kina söker kolonisera ekonomiskt måste vi undersöka vår progressiva version av den globala Marshallplanen för att motverka Kinas Belt & Road och teknologiska infrastruktur.

* ★ Vi måste blåsa nytt liv i entreprenörskapet genom offentlig–privata partnerskap och universitet.

* ★ Regeringen bör skaffa eget kapital i strategiska företag och hjälpa dem att återhämta sig.

* ★ Regeringen bör övervaka riskkapitalbolag och riskkapitalister i kritiska branscher, särskilt i Silicon Valley. Betydande rovgirig finansiering kommer från Kina med avsikt att stjäla våra immateriella rättigheter, vilket är ett potentiellt hot mot vårt nationella säkerhetsintresse.

* ★ Vi måste skrota det föråldrade invandringssystemet och fokusera på meriter. Många av våra innovativa högteknologiska ledare är resultatet av avancerade invandrare.

* ★ Som Roosevelt gjorde måste vi bryta upp monopolen och de alltför stora för att misslyckas företagen som skapar hinder för innovation.

"Små och medelstora företag utgör över 99 % av det totala antalet företag i de länder där vi arbetar. De ansvarar för stora bidrag till mervärde och sysselsättning".

Europeiska banken för återuppbyggnad och utveckling (EBRD)

5. Digital arkitektur

"Lägg först planer som garanterar seger och sedan led din armé till strid; om du inte börjar med stratagem utan förlitar dig på rå styrka själv, kommer segern inte längre att garanteras"
"Låt dina planer vara mörka och ogenomträngliga som natt, och när du rör dig, fall som en blixt".
Sun Tzus Krigskonsten (cirka 476–221 f.Kr.)

"Vi måste ta vara på de möjligheter som industriell digitalisering och digital industrialisering erbjuder, påskynda byggandet av ny infrastruktur som 5G–nät och datacenter, och öka utformningen av strategiska framväxande industrier och framtida branscher som den digitala ekonomin, liv och hälsa, och nya material".

Xi Jinping, generalsekreterare för Kinas kommunistiska parti

Kina har redan tecknat digitala sidenvägsspecifika (DSR) avtal med många av sina befintliga Belt and Road Initiative (BRI) partnerländer. DSR är en trojansk häst för Peking att öka sitt inflytande runt om i världen utan konkurrens. Det är en digital bakdörr för kinesiska teknikföretag som Huawei, Tencent, och Alibaba att utöka sina globala affärsavtryck och torpedera sina västerländska konkurrenter.

Medan vi är fast i 2G/3G/4G krig, hoppar Kina bortom sitt 5G–expansionsläge och tittar nu på 6G. För över ett år sedan beviljade Kina driftslicenser till China Mobile, China Unicom, och China Telecom. Under 2019 började dessa statligt ägda telekomföretag rulla ut 5G–nät i städer över hela landet. Från att ha startat med 50 000 basstationer under 2019 har Kina redan passerat en halv miljard 5G–abonnemang. Det lade till minst 190 000 nya 5G–basstationer bara under första halvåret 2021[61].

Carrier	5G subs total (millions)	New 5G subs in 2021 (millions)	5G base stations	New 5G base stations 2021	Total subscribers (millions)
China Mobile	251	86	501,000	111,000	946
China Unicom	121	42.2	460,000	80,000	310
China Telecom	131	44.5	460,000	80,000	362
Totals	503	172.7	1,421,000*	271,000	1,618

Källa: https://www.theregister.com/2021/08/20/china_5g_progress/

Kina äger eller bistår vid byggandet av ~30 % av de nuvarande kablarna i Asien och siktar inom kort på mer än 50 % av aktierna. Huawei 5G är mer banbrytande än västerländska konkurrentnätverk och marknadsför det billigt till resten av världen. Det kinesiska satellitnavigeringssystemet har fler satelliter än USA:s anpassade GPS–navigationssystem. Minst trettio Belt and Road initiative länder (BRI) har redan undertecknat BeiDou navigeringsnätet.

Utöver ekonomisk kolonisering, när Kina försöker kolonisera digitalt, måste vi undersöka vår progressiva version av den globala *digitala* Marshallplanen för att motverka Kinas Belt & Road och teknologiska infrastruktur.

Det kommer att bli en herkulesisk uppgift för västerländska företag att komma ikapp med statligt finansierade monolitiska kinesiska kvasiföretagsamheter som Alibaba, Huawei, Tencent, och ZTE, som levererar toppmoderna produkter till ett bortkastpris, tack vare subventioner.

6. Kunskapshantering

> *"Betrakta era soldater som era barn, och de kommer att följa er in i de djupaste dalarna; se på dem som era egna älskade söner, och de kommer att stå vid er väg ända till döden. Men om ni är släpphänta, men inte kan göra er auktoritet kännbar; godhjärtade, men oförmögna att genomdriva era befallningar; och, merutöver, oförmögna att kväsa oordning: då måste era soldater liknas vid bortskämda barn; de är värdelösa för praktiska ändamål".*
>
> Sun Tzus Krigskonsten (cirka 476–221 f.Kr.)

Vad vi behöver i dag är högteknologisk och motståndskraftig ingenjörsvetenskap – inte finansiell ingenjörskonst som bara tjänar till att slösa bort det vi redan har. Produktiviteten hos ett företags kunskapsresurser, deras anställda, är nyckeln till dess framgång. Kunskapshanteringen styrs av en kultur av lagarbete, lärande, och uppfinningsrikedom. Team bemyndigande leder till kunskapsföre-

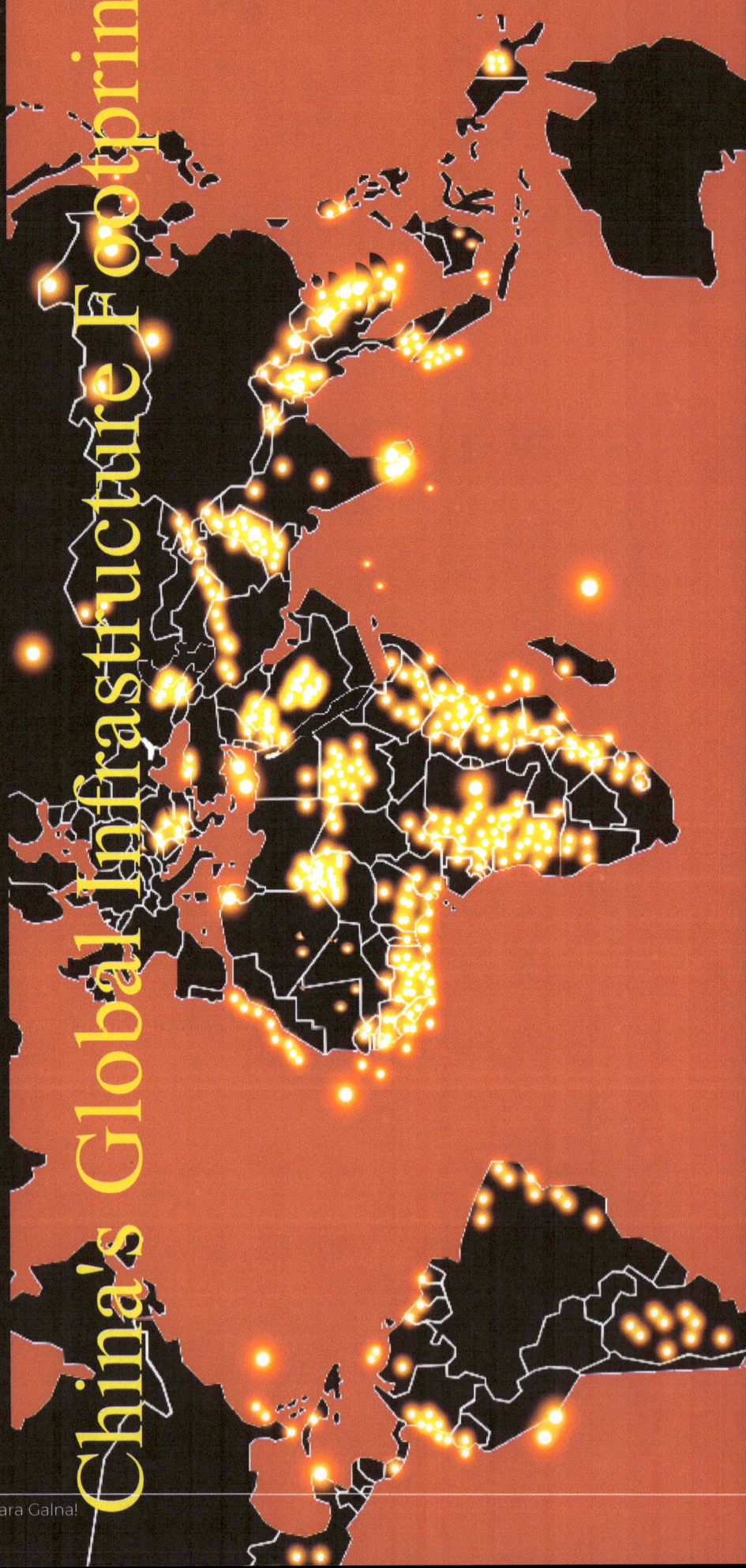

China's Global Infrastructure Footprint

tagsamhet, vilket är grunden för organisationens framtid. Tyvärr är kunskapsresurser i dagens miljö det främsta offret. De behandlas på samma sätt som kostnadscentrumen, vilket har resulterat i den nuvarande arbetslöshetssiffran på cirka fyrtio miljoner.

Kunskapsresurser är ryggraden i företagen – inte förpliktelser.

> *"Den skickliga arbetsgivaren av män kommer att anställa den vise mannen, den modige mannen, den giriga mannen och den dumma mannen. För den vise mannen njuter av att etablera sina meriter, den modige mannen visar gärna sitt mod i handling, den giriga mannen är snabb på att ta vara på fördelar, och den dumma mannen har ingen rädsla för döden".*
>
> Sun Tzus Krigskonsten (cirka 476–221 f.Kr.)

McKinseys modellering visar att *innan 2030 måste upp till 30 till 40 procent av alla arbetstagare i utvecklade länder flytta in i nya yrken eller uppgradera sina färdigheter avsevärt*[62]. Tektoniska omvandlingar ligger framför oss med omkring 60 % av arbetstillfällena; över 30 % av den konstituerande verksamheten kommer att automatiseras. Lyckligtvis föreslår de också att kvalificerad arbetskraft med brister kommer att bli ännu knappare. Covid–19 pandemin påskyndar redan en övergång till digitalisering och automatisering.

Evolution of Knowledge Enterprise

"*90% of the knowledge in the organization is in the heads of the people. Management spends75 % of their time on the knowledge that is written down.*"
- Bob Buckman

Operational Excellence
Strategic Excellence (EPM)
Team Empowerment (People)
Knowledge Enterprise

BUILDING A KNOWLEDGE-DRIVEN ORGANIZATION
ROBERT H. BUCKMAN

The Gods Must be Crazy!
The Future of Artificial Intelligence
(AI Patent Applications)

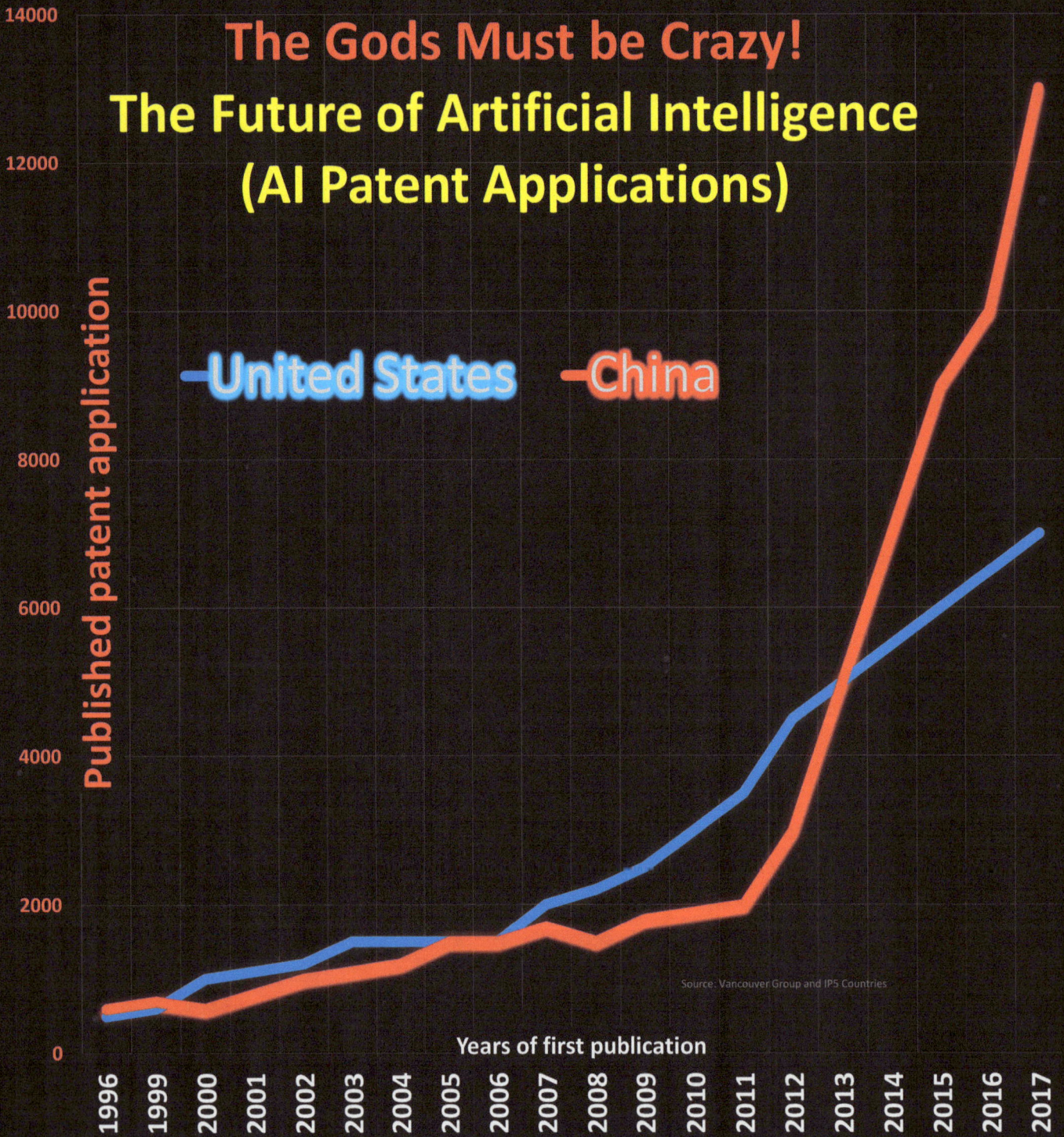

Published patent application

— United States   — China

Source: Vancouver Group and IP5 Countries

Years of first publication

USA brukade vara den globala kunskapsledaren inom allt från jordbruk till hälsa, försvar, energi, och en mängd andra områden. Tyvärr, som diagrammet nedan visar, har federala investeringar upplevt en lång och stadig nedgång i BNP. Denna avfasning av amerikanska investeringar är ett recept på den ekonomiska och strategiska nedgången. Samtidigt påskyndar Kina sina åtaganden och skördar frukterna.

7. Diplomati

> *"Håll dina vänner nära och dina fiender närmare".*
> Sun Tzus Krigskonsten (cirka 476–221 f.Kr.)

I dag måste vi bygga diplomatiska broar och riva murarna, inte bygga dem. I stället för att dra oss tillbaka och låta Kina ta ledningen bör vi gå framåt för att återta ledningen genom att helt förnya våra handelsallianser som WTO, Världsbanken, IMF (International Monetary Fund), FN och WHO, som Roosevelt inrättade omedelbart efter andra världskriget. Vi måste säkra ledningen för det trans–stillahavspartnerskap (TPP) ledarskapet och förbereda det för att vidta åtgärder för att motverka Kina. Trans–stillahavspartnerskaps överenskommelsen var ett föreslaget handelsavtal mellan Australien, Brunei, Kanada, Chile, Japan, Malaysia, Mexiko, Nya Zeeland, Peru, Singapore, Vietnam och USA, som undertecknades år 2016. Tyvärr drog sig den tidigare administrationen under president Trump tillbaka från partnerskapet år 2017, och Kina utnyttjade USA:s utträde.

Under Roosevelt–åren var USA det mest respekterade landet globalt, med de mest internationella nettoinvesteringarna (när det gäller BNP–procent). USA ägde fler utländska tillgångar än utlänningar innehade själva, fram till omkring 1980-talet. Sedan 1990-talet, tack vare sin dekadenta och dyra livsstil, har USA sålt sina värdefulla tillgångar till utlänningar.

Från och med år 2016 är Kina (124) en topp handelspartner i de flesta länder. Det antalet är mer än dubbelt så stort som i USA (56). Oroande nog är amerikanska ambassadörer till salu för rika givare. Typiska presidentkampanjer kostar miljarder av dollar, och allt är till salu för de rika och mäktiga. Vi spenderar cirka 5000 % mer på försvarsbudgeten än på utrikesdepartementet. Robert Gates (tidigare försvarsminister) citerar att "*det finns fler militära marschband än vad utgör hela USA:s utrikestjänst.*"

> *" Opportunistiska relationer kan knappast hållas konstanta. Bekantskapen med hedervärda människor, även på avstånd, lägger inte till blommor i värmetider och ändrar inte sina löv i kalla tider: den fortsätter oblekt under de fyra årstiderna, blir allt mer stabil när den passerar genom lätthet och fara".*
> Sun Tzus Krigskonsten (cirka 476–221 f.Kr.)

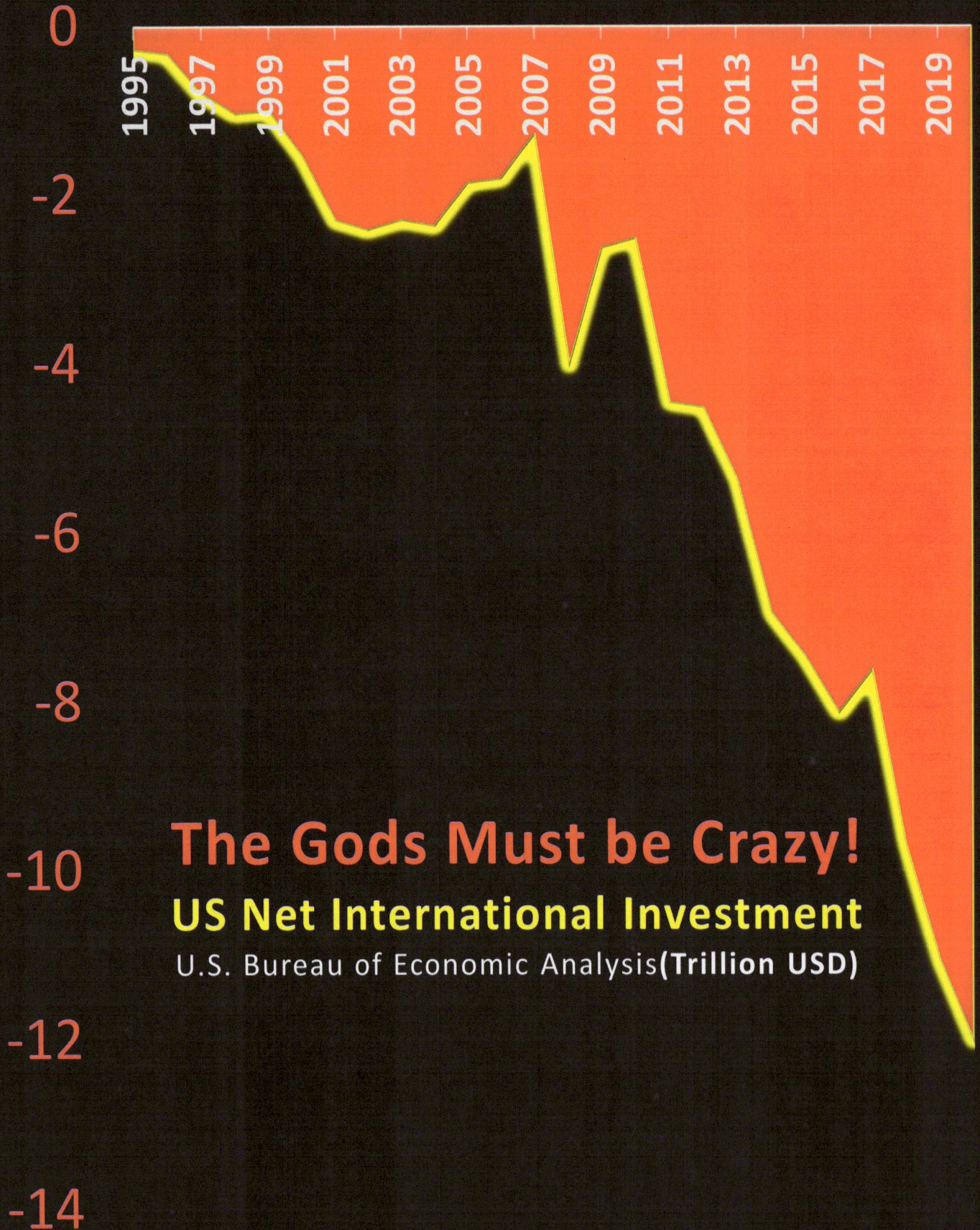

The Gods Must be Crazy!

US Net International Investment

U.S. Bureau of Economic Analysis **(Trillion USD)**

USA brukade vara mycket mäktigt eftersom resten av världen litade på oss som väktare av handels-förbindelser. Således gav de oss den privilegierade reservvalutatryckpressen. Om vi slösar bort dessa handelsförbindelser kommer Mittriket snart att ta det privilegiet för sitt eget.

USA hade bättre förbindelser och exporterade fler produkter och tjänster än det importerade fram till omkring 1970–talet. Tyvärr förlorade vi vår handelsdiplomati under de senaste två decennierna och blev en isolerad dumpningsplats, särskilt för Kina, som visas i diagrammet nedan.

8. Guldstandard i världsvaluta

> *"Att skapa ett vinnande krig är som att balansera ett guldmynt mot ett silvermynt.*
> *Att skapa ett förlorande krig är som att balansera ett silvermynt mot ett guldmynt".*
> Sun Tzus Krigskonsten (cirka 476–221 f.Kr.)

Reservvalutor ger vår företagsamhet det "gudfruktiga privilegiet" att låna mer pengar till en lägre kostnad. Det gör det också möjligt för oss att utöva enorm makt över all finansiell verksamhet i US–dollar som äger rum globalt, som att kontrollera regimerna i Iran, Venezuela, och Nordkorea. Tack vare Roosevelt blev den amerikanska dollarn världens reservvaluta 1944. På den tiden var USA det mest inflytelserika landet ekonomiskt, finansiellt, och militärt. Reservvalutans höga makt kommer dock med ännu större ansvar.

För 75 år sedan var den amerikanska ekonomin omkring 40 % av världens BNP. Tyvärr är den idag mindre än 15 % i offentlig–privata partnerskap. Samtidigt ryter Kina fram till över 20 %. Vårt missbruk av reservvaluta bemyndar privilegiet har slösat bort vår goda vilja. Vi måste omvärdera nuvarande metoder, annars är vårt imperiums dagar numrerade.

Lyckligtvis bedrivs 79,5 % av all världshandel fortfarande i amerikanska dollar, tack vare dess reserv-status. I stället för att missbruka reservvaluta som ett politiskt verktyg och printa den utan gränser bör vi återvinna förtroendet för US–dollarn som reservvaluta innan den förlorar sin status[63] till Ren-minbi och dess kryptovaluta. Vi måste modernisera IMF, Världsbanken, och vårt banksystem i linje med framväxten av kinesiska finanscentra och deras kryptovalutor. Precis som världens universella språk förblir engelska, tenderar reservvalutor att ha mer uthållighet eftersom vanan att använda va-rar lite längre. Men förr eller senare, när resten av världen är mottaglig för handel med den kinesiska yuanen, kommer dess glitter att blekna. Facebook dreglar också för att digitalt kolonisera sina miss-brukare med sin Electro–Dollar (Libra kryptovaluta).

9. Elektrodollar

> *"Mitt i kaoset finns det också möjligheter".*
> Sun Tzus Krigskonsten (cirka 476–221 f.Kr.)

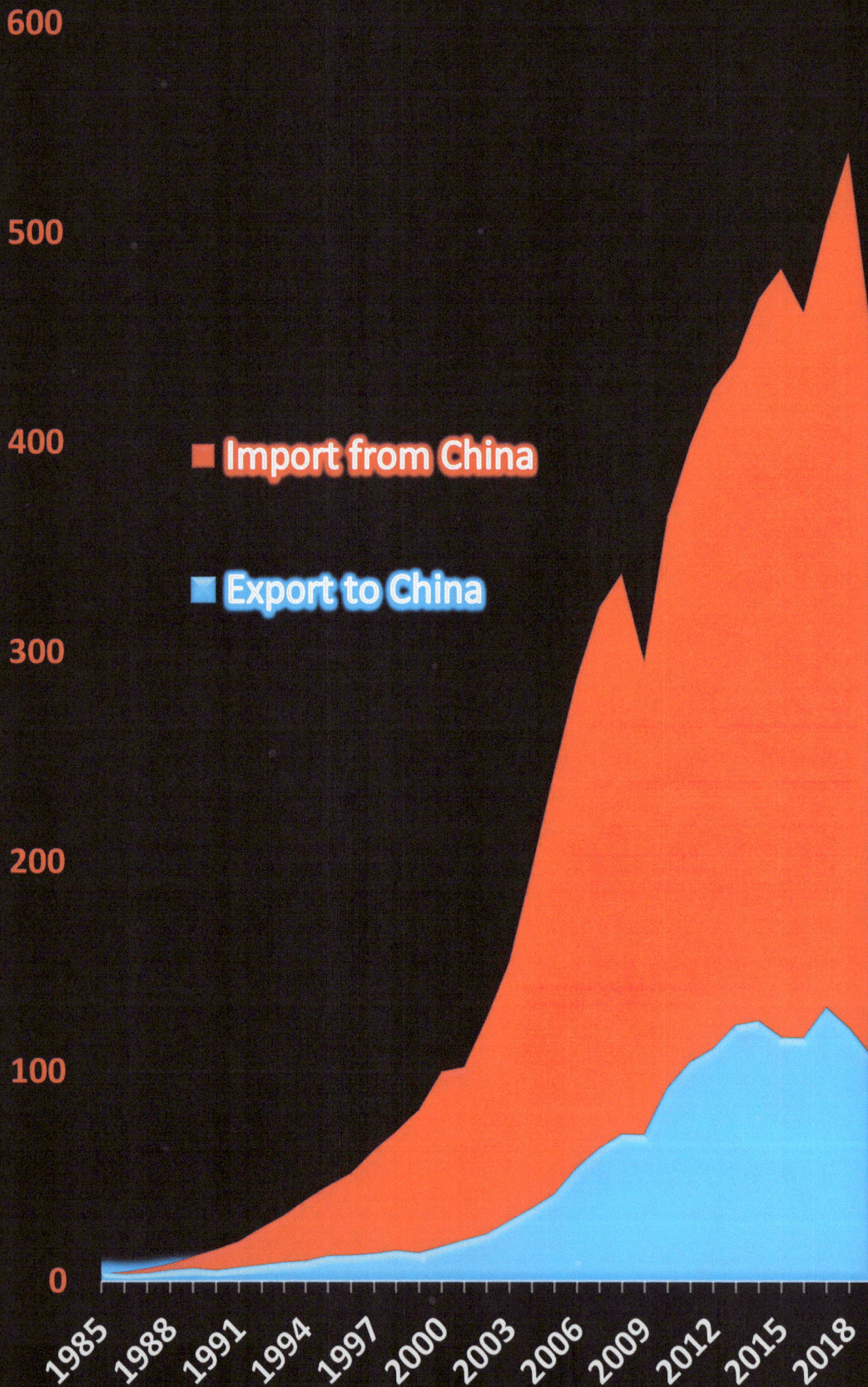

The Gods Must Be Crazy!
US Trade In Goods With China
U.S. Department of Commerce (Billion USD)

■ Import from China

■ Export to China

I över 75 år, både direkt och indirekt, har USA kontrollerat de flesta av världens finanser. Vi har detta inflytande på grund av vår reservstatus och vår kontroll över institutioner som Society for Worldwide Interbank Financial Telecommunication (SWIFT).

Under 2019 inrättade det europeiska specialfordonet (SPV) handelsbörser (INSTEX) för att underlätta transaktioner utan USD (amerikanska dollar) och icke-SWIFT transaktioner med Iran för att undvika att bryta mot amerikanska sanktioner. INSTEX är en form av bytessystem som gör det möjligt för företag i Europeiska unionen, och eventuellt resten av världen, att kringgå det amerikanska finansiella systemet genom att eliminera SWIFT-baserade gränsöverskridande betalningar i USD. När tre betydande långsiktiga allierade till USA (Tyskland, Frankrike, och Storbritannien) för närvarande gör detta för att handla med Iran är det ett farligt varningsskott. Vi bör erkänna det som ett hot inte bara mot USA:s politik, utan som en förkämpe för slutet på vår reserv status. Handelsavtalet mellan Kina och Iran kan också lösas i Renminbi, och många andra länder, som Indien, kommer också att följa efter ledande snart. Även om Kina är ett slutet samhälle, har det en öppen affärsattityd, och studerar det amerikanska systemet mycket innan det gör sina strategiska drag. Det verkar som om vårt öppna kapitalistiska samhälle rör sig mot extrem slutensinnesstämning. Vi är oansvariga med vår exceptionalism och brist på långsiktigt strategiskt tänkande helt och hållet. Det är hög tid för oss att erkänna våra strategiska partner som hjälpte oss att bli en supermakt.

Sedan den ekonomiska tsunamin 2008 har Kina förlorat förtroendet för västerländska institutioner och har börjat titta på alternativa lösningar. De har tillsatt det gränsöverskridande interbankbetalningssystemet (CIPS). Kina etablerade alternativa Kinabaserade mega finansinstitut som Asia Infrastructure Investment Bank (AIIB) och New Development Bank (NDB, tidigare känd som BRICS Bank) som ett alternativ till IMF och Världsbanken som grundades av USA. Kineserna har också utvecklat mer avancerade digitala betalningssystem som WeChat och Alipay, som har cirka två miljarder aktiva användare och kommer exponentiellt att växa när de rullar ut via Digital Silk Road (DSR) plattformen.

Medan vi kämpade mot COVID-19 och civila oroligheter lanserade kineserna Blockchain Service Network (BSN). Denna "digitala yuan" är världens största blockkedjeekosystem, vilket gör Kina till den första stora ekonomin att utfärda en nationell Electro-Yuan (digital valuta). Blockchain Service Network (BSN) kallas *infrastruktur för infrastrukturer*. Detta tillståndslösa distribuerade blockkedjeekosystemet möjliggör vertikal integrering av stordata, 5G-kommunikation, industriell IoT, molntjänster, och artificiell intelligens. Denna finansiella teknik kommer också att tillhandahålla olika andra applikationspakstjänster. Blockchain Service Network (BSN) har varit huvudmålet som den ekonomiska nerven hos Digital Silk Road (DSR) genom att etablera plattformen för sammanlänkning med alla Kinas Belt and Road Initiative-partner.

Baserat på en rapport från JP Morgan, "*Det finns inget land med mer att förlora från den störande potentialen av digital valuta än USA.*" Tyvärr är vår föråldrade finansiella plattform som drivs av Wall Street mogen för digitala störningar. Om vi inte vidtar omedelbara åtgärder kommer kineserna skoningslöst att erövra det föråldrade system som byggdes för över 75 år sedan.

The Gods Must Be Crazy!
Government Research and Development
Percent of Gross Domestic Product

US CHINA

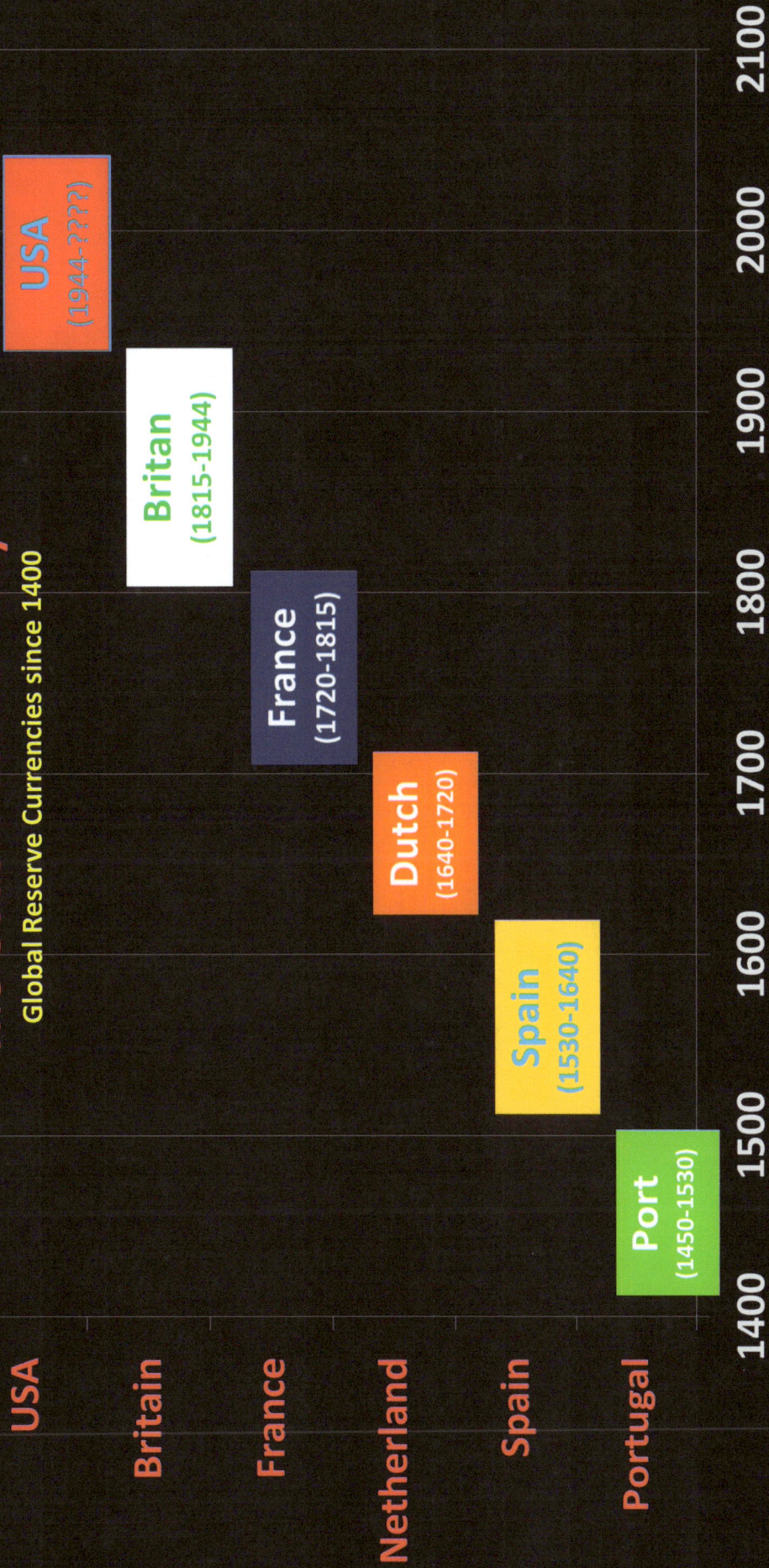

The Gods Must be Crazy!
Global Reserve Currencies since 1400

USA
(1944-????)

Britan
(1815-1944)

France
(1720-1815)

Dutch
(1640-1720)

Spain
(1530-1640)

Port
(1450-1530)

1400 1500 1600 1700 1800 1900 2000 2100

USA
Britain
France
Netherland
Spain
Portugal

10. Finansiellt kapital

> *"Den som vill slåss måste först räkna kostnaden".*
> Sun Tzus Krigskonsten (cirka 476–221 f.Kr.)

New York var en gång världens finansiella nervcentrum, som fungerade som den fria världens ansvarsfulla ingenjörer. Tyvärr, på grund av extrem finansteknik, håller New York på att bli kapitalismens katakomb.

Å andra sidan utvecklar Kina snabbt sitt finansiella centrum från Shanghai, som stadigt störtar USA:s inflytande. Antalet offentliga företag i USA har stadigt minskat sedan toppen i slutet av 90–talet. Antalet har minskat från över 7 000 till mindre än 3 000 idag[64]. Återigen resulterar antalet från vår finansiella ingenjörskonst genom privatkapital, fusioner och förvärv, och kapitalutflöden.

Under samma period växte den kinesiska aktiemarknaden från NOLL till nära 5000 företag. I USA har siffran sjunkit med mer än 50 %. Samtidigt har Kina haft en tillväxttakt på 1000 % under de senaste 25 åren.

> *"Jag har tre skatter som jag behåller och prisar: den första är vänlighet, den andra är sparsamhet, och den tredje förmodar att inte sätta sig själv före andra. Genom vänlighet kan man vara modig, genom sparsamhet kan man nå ut, och genom att inte förmoda att ha företräde kan man överleva effektivt. Om man ger upp vänlighet och mod, ger upp sparsamhet och bredd, och ger upp ödmjukhet för aggressivitet, kommer man att dö. Utövningen av vänlighet i strid leder till seger, utövandet av vänlighet i försvaret leder till säkerhet".*
> Sun Tzus Krigskonsten (cirka 476–221 f.Kr.)

Röran i vårt nuvarande in–fajtande kapitalistiska system ligger vid fötterna på politiska åtgärdskommittéer och lobbyister från Washington DC. Många privatkapitalsföretag och andra investeringsinstrument finansieras av Kina och andra statliga förmögenhetsfonder från utrikesdepartement, vilket kanske inte har vårt bästa i åtanke. Företagsrånare och Gordon Gekko typ gamar letar efter snabba pengar. De allra flesta av dessa affärer görs mellan datorer och baserat på algoritmer utan några grunder. De är en skamfläck. För att behålla och upprätthålla bör vi för det första förbjuda PAC:s (politiska åtgärdskommittéer). Den roterande dörren mellan politiker och lobbyister i träsket (Washington DC) som korrumperar och missbrukar systemet bör vara under utredning.

★ Vi bör ta ledningen för att bygga multilaterala finansinstitut som liknar Asian Infrastructure Investment Bank (AIIB) för att motverka Kinas $10 biljarder skuldfälladiplomati, nästa generations Belt & Silk Road, och andra högteknologiska infrastrukturprojekt. I stället för att fokusera internt, som kinesiska företag gör, måste vi våga oss ut ur våra respektive elfenbenstorns komfortzoner och expandera till nya gränser, särskilt i tillväxtländer, för vår överlevnad.

The Gods Must be Crazy!
Catacomb of Capitalism?
US Enterprises Black Hole?

Legend:
- Chinese offshore SEOs
- Hong Kong SOEs
- Chiness Overseas listings
- Onshore Chinese private firms
- Hong Kong private firms
- Us firms

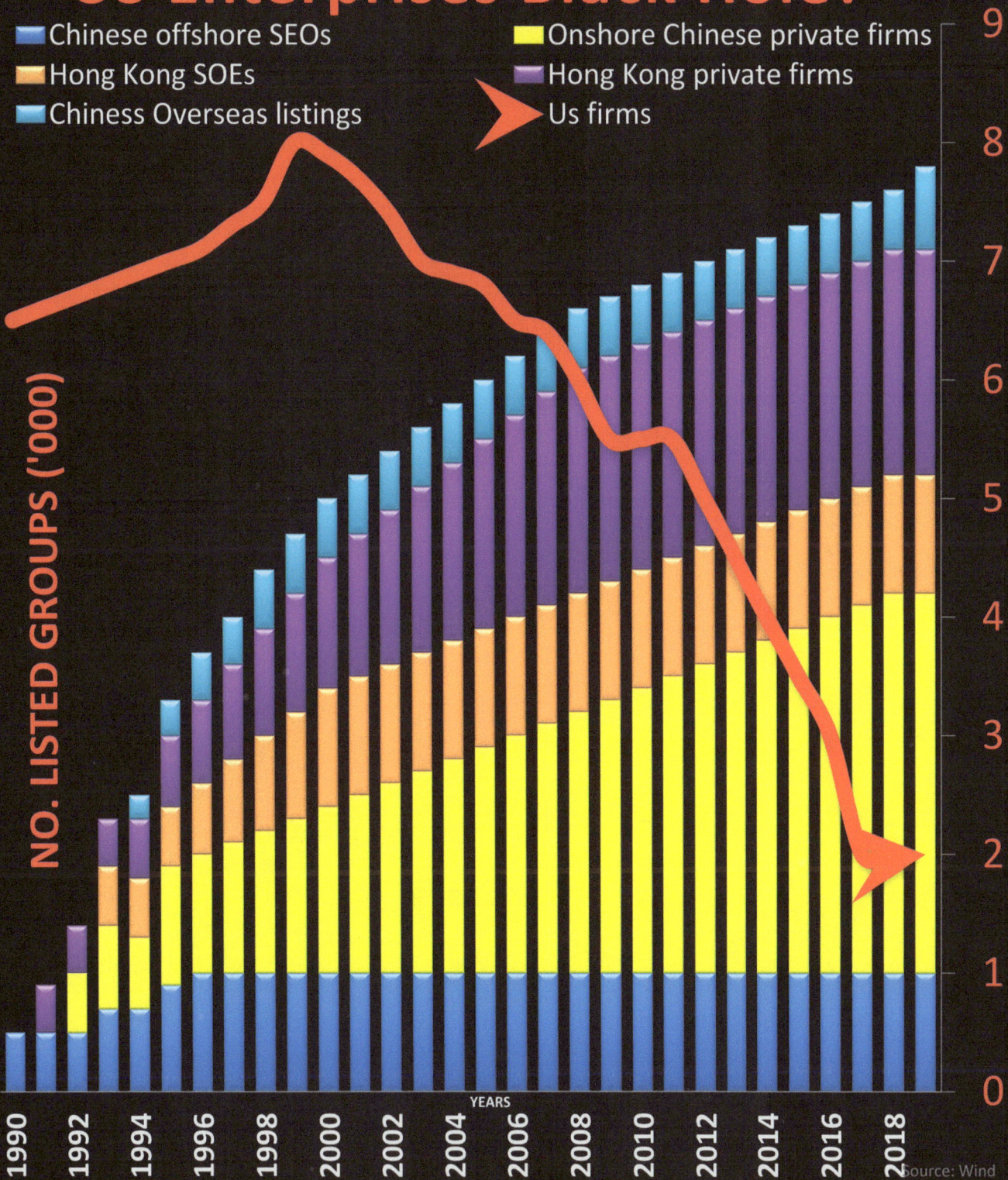

NO. LISTED GROUPS ('000)

YEARS

Source: Wind

- ★ Vi bör studera effekterna av Wall Street Kvartalsresultat, aktieåterköp, och Gordon Gekko investeringsbankande och privatkapitalsaffärer. Regeringen bör noga övervaka sådana cancerframkallande aktiviteter.

- ★ Vi bör också ta fram långsiktiga, prestationsbaserade bonusar för ledande befattningshavare – inte baserade på kortsiktig aktiekurs, vilket tar bort grunden för en utmärkt balansräkning.

- ★ Dessutom bör vi banna gamprivatkapital och statsägda förmögenhetsfonder. De tenderar att offra sitt bytes stora balansräkningar för sin kortsiktiga girighet.

11. Säkerhet

> *"Det finns fem nödvändigheter för seger:*
>
> *1. Han kommer att vinna som vet när han skall kämpa och när han inte skall kämpa.*
>
> *2. Han kommer att vinna som vet hur man hanterar både överlägsna och underlägsna krafter.*
>
> *3. Han kommer att vinna vars armé är animerad av samma ande i alla dess led.*
>
> *4. Han kommer att vinna som, förberedd, väntar på att ta fienden oförberedd.*
>
> *5. Han kommer att vinna som har militär kapacitet och som inte störs av härskaren".*
>
> Sun Tzus Krigskonsten (cirka 476–221 f.Kr.)

Vi är fortfarande ett gäng krigande stam bushmän som råkar bära snygga kostymer och glänsande skor. Styrningen mellan 195 länder är utmanande, och organisationer som FN, WTO, och fler är primärt galjonsfigurer. Den råa kraften och styrkan av skjutvapnet betyder mest. Vår supermaktsstatus och våra militärindustriella komplex är avgörande för att skydda våra handelsvägar och företagsamheter från utländskt inflytande över hela världen och till och med i rymden. Den amerikanska militären har baser i 70 länder, vilket är viktigt för att också skydda våra företagsamhetsintressen.

I fyra århundraden styrde de nederländska och brittiska ostindiska företagen världen från två små nationer med skjutvapnets makt.

> *"Väst vann världen inte genom överlägsenheten i sina idéer eller värderingar eller religion ...*
> *Men snarare genom sin överlägsenhet när det gäller att tillämpa organiserat våld.*
> *Västerlänningar glömmer ofta detta faktum; icke–västerlänningar gör det aldrig".*
>
> Samuel P. Huntington,
> Civilisationernas sammandrabbning och världsordningens omskapning

The Gods Must Be Crazy!
US Defense Budget/Spending
Billions of US $ (Source: SIPRI)

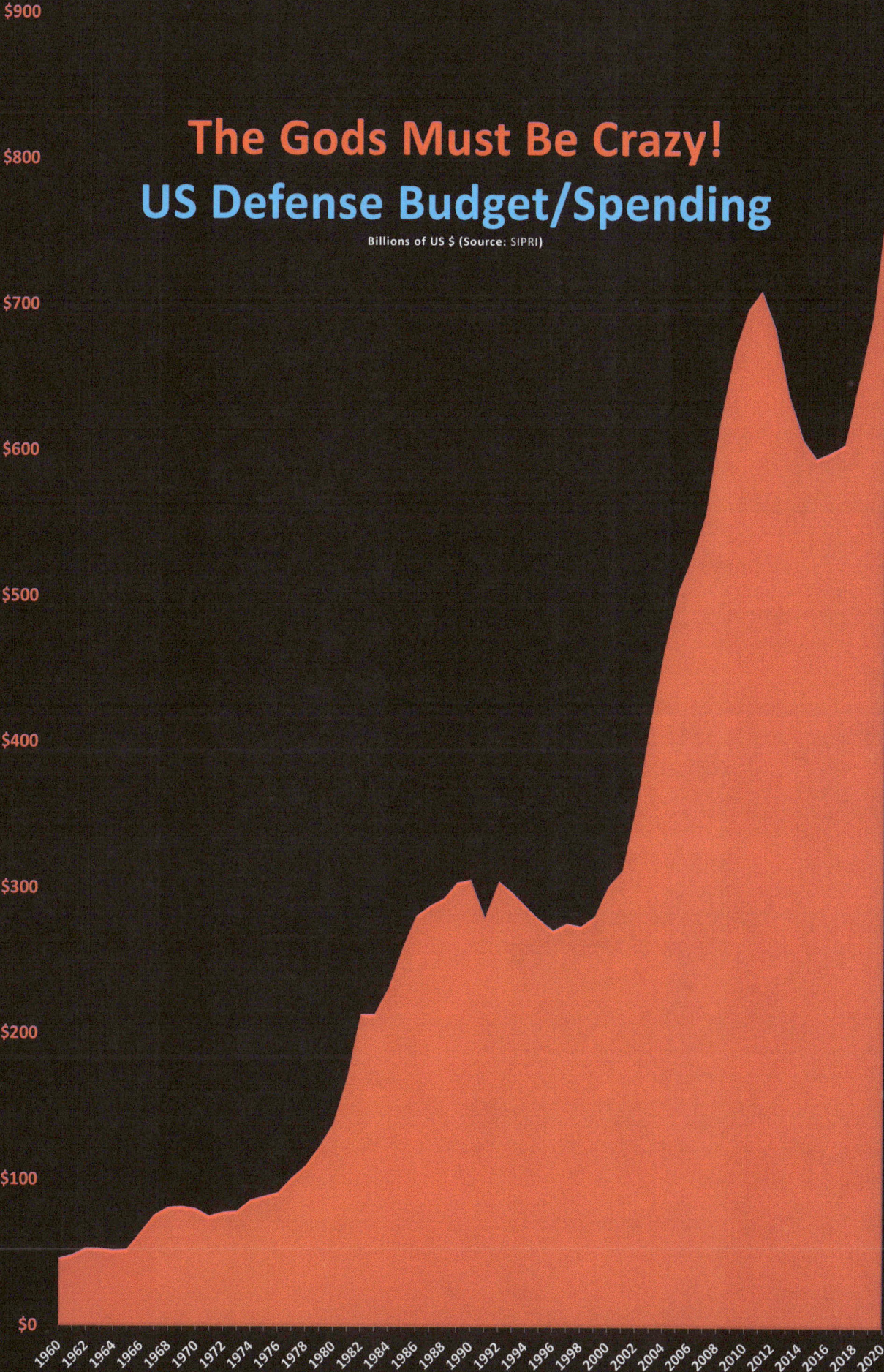

Även om jag inte är någon militär expert, har jag varit konsult inom flygförsvarssektorn under de senaste åren. Baserat på Brown Universitetsstudien 'PROFIT OF WAR: CORPORATE BENEFICIARIES OF THE POST–9/11 PENTAGON SPENDING SURGE' ('VINST FRÅN KRIG: FÖRETAGSFÖRTJÄNARE FÖR EFTER–9/11 PENTAGON SPENDERANDESVALL)[65], gick nästan hälften av de 14 miljarder dollar som Pentagon spenderat sedan 9/11 till vinstdrivande militärindustrikomplex försvarsentreprenörer. Dessa kontraktörer dedikerade över en för varje kongressledamot (cirka 700 lobbyister) och spenderade 2,5 miljarder dollar. Denna trend har sitt ursprung i dåvarande vicepresident Dick Cheney, Halliburtons tidigare VD. Halliburton fick miljarder för att hjälpa till att inrätta och driva baser, mata trupper, och utföra annat arbete i Irak och Afghanistan senast 2008. Omkring en tredjedel av detta Pentagon–kontrakt lämnades in till endast fem stora företag (Lockheed Martin, Boeing, General Dynamics, Raytheon, och Northrop Grumman). Några av dessa företag ägs av statliga förmögenhetsfonder, inklusive Saudiarabien[66], som potentiellt var inblandat i 9/11 attackerna[67]. Kommissionen för krigstidskontraktering i Irak och Afghanistan uppskattade 30 till 60 miljarder dollar i avfall, bedrägeri, och missbruk bara under 2011. När den amerikanska militären drar sig tillbaka från Irak och Afghanistan är Kinas mål nu att rättfärdiga nästan en miljard dollar USA försvarsutgifter varje år. Enligt rapporten, "Varje kongressledamot som inte röstar på de medel vi behöver för att försvara detta land kommer att leta efter ett nytt jobb efter nästa november."

Varje år spenderar den amerikanska regeringen ungefär en miljard dollar på försvar, vilket är mer än de följande tio länderna tillsammans. Men många av våra försvarssystem är föråldrade och inte ens funktionella. Till exempel flyger hundratals, om inte tusentals, flygvapenpiloter flygplan byggda före de själva ens var födda, av vilka många inte ens är flygvärda.

"Drottningen av den amerikanska flottan, och mittpunkten i den mäktigaste flottan världen någonsin har sett, hangarfartyget, riskerar att bli som de slagskepp det ursprungligen var utformat för att stödja:

stort, dyrt [> $10 miljarder], sårbart

– och förvånansvärt irrelevant för tidens konflikter.

....

Det krävs nästan 6 700 män och kvinnor för att bemanna dem, det kostar cirka 6,5 miljoner dollar per dag att driva varje anfalls grupp".

— KAPTEN Henry J. Hendrix, USN (Ph.D.), mars 2013

Alternativt spenderar Kina sina dyrbara dollar på sofistikerade hypersoniska missiler som gör USA:s dyra leksaker försvarslösa. De kinesiska ballistiska robotarna DF-26 som bara kostar 100 000 dollar kan sänka USA:s "sittande ankor" som kostade norr om 10 miljarder dollar.

USA agerar irrationellt, speglar Sovjetunionen med sin domedagsdoktrin driven av några inflytelserika specialintressegrupper från 2 miljard dollarindustrin och ortodoxa beduinsekter[68]. USA:s försvarsutgifter kanske inte har en grund för en rationell strategi som är bäst för amerikanska medborgare. I stället kan många vara resultatet av lobbying från försvarsentreprenörer. Dessa entreprenörer påverkar kongressledamöterna genom att allokera tillverkningsfabrikerna och baserna i sina distrikt (vilket

påverkar sysselsättningen). Kineserna kanske skrattar åt oss när vi dricker ur denna förgiftade eko-
nomiska bägare av förlorade utgifter fyllda med lånade pengar från dem. De också har vapeniserats
i deras namn (som fiende #1) men kommer aldrig att användas mot dem. Kinesiska kvasi–institutio-
nella investerare är betydande bidragsgivare till många investeringsinstrument, inklusive privatkapi-
talsföretag, som äger försvarsentreprenörer. Ironiskt nog äger några av de inte så vänliga Suveräna
rikedoms fonderna också åtminstone några av våra primära försvarsentreprenörer[69].

"När vi hänger kapitalisterna
kommer de att sälja oss repet vi använder".

Josef Stalin

★★

The Gods Must be Crazy!

2020 Defence Spending

US > next 10 countries combined(Source: SIPRI)

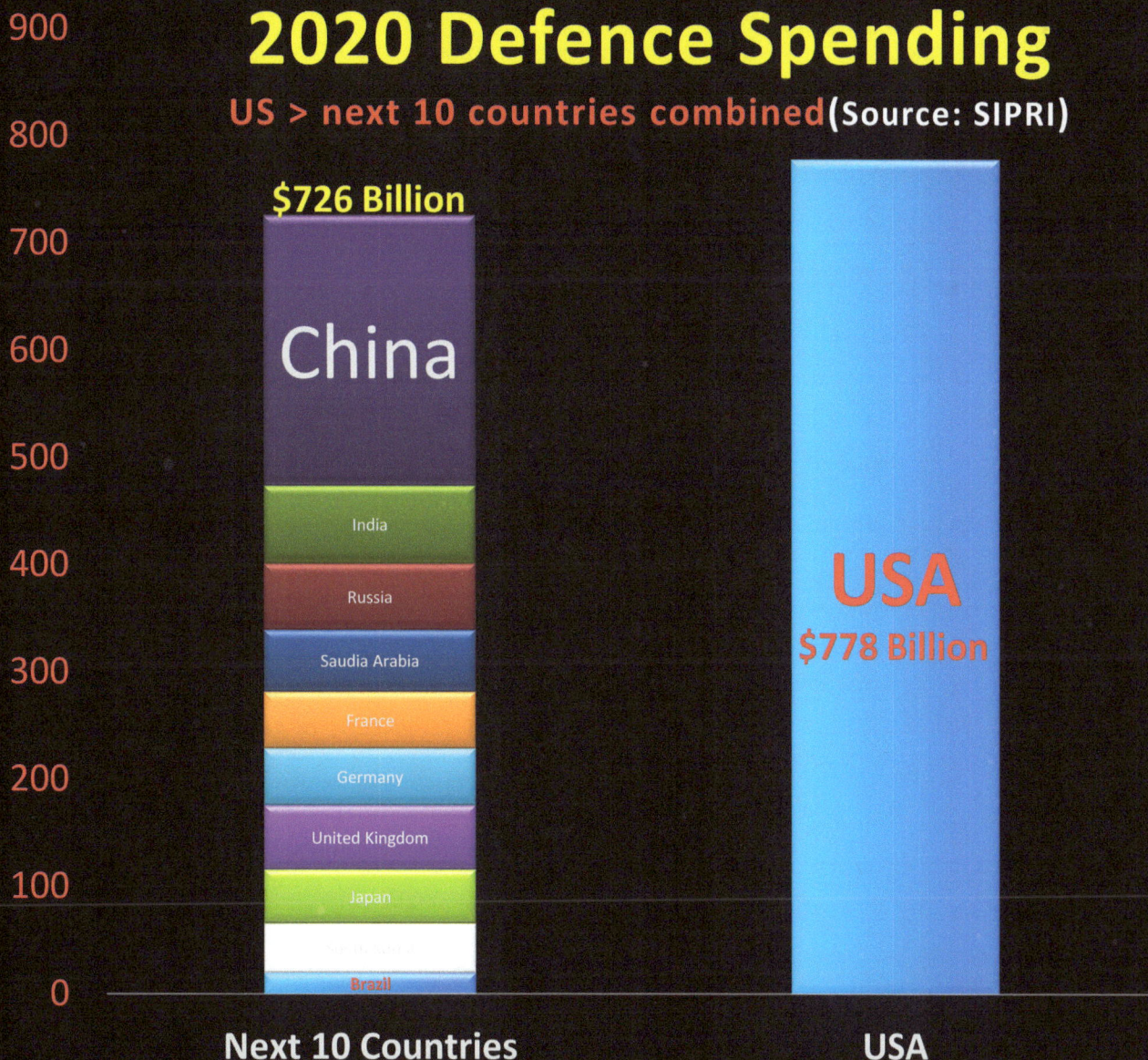

$726 Billion

China
India
Russia
Saudia Arabia
France
Germany
United Kingdom
Japan
Brazil

USA
$778 Billion

900
800
700
600
500
400
300
200
100
0

Next 10 Countries　　　　**USA**

Liksom sovjeterna bevittnade slutet på sitt imperium genom att ensidigt trassla in sig i onödiga politiska konflikter, spiller vi också vårt dyrbara blod och våra skatter. Ironiskt nog är vi copycats som gör samma misstag som ryssarna i Afghanistan. Det är omöjligt att erövra afghanerna; perserna, Alexander den store, Djingis Khan, storbritannien, och ryssarna misslyckades. På senare tid, i de krigshärjade öknarna i Mellanöstern, brände vi 5 miljarder dollar genom att engagera oss i Beduinkrigen.

Denna irrationella sprudlande äventyrlighet är en gåva till Kina. Kina är strategiskt fokuserat, och de växte mest spektakulärt under våra nedgående år, inspirerade av vår dumhet. Eftersom USA exporterar olja finns det inga strategiska värden i Mellanöstern annat än förlust av dyrbart blod och skatter. Sammanfattningsvis skyddar vi oljeförsörjningen till Kina, liknande vad som hände i Afghanistan och Pakistan, genom att hjälpa Kina att vinna sina kommersiella intressen.

★★

The Gods Must be Crazy!
2020 US Defense Spending
Catacomb of Capitalism: Little R&D?
Source: OMB (Office of Management and Budget)

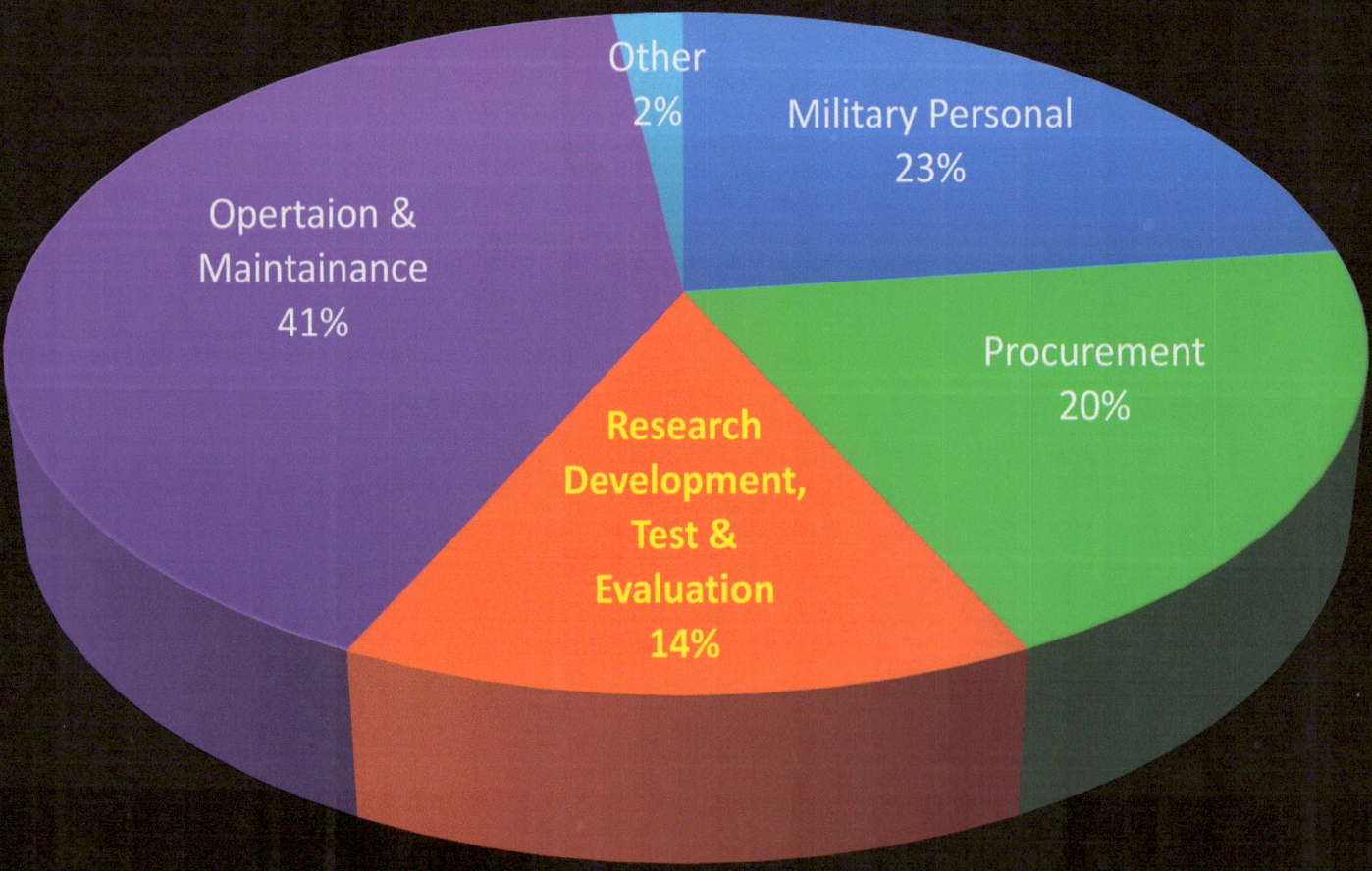

Other
2%

Military Personal
23%

Opertaion &
Maintainance
41%

Procurement
20%

Research
Development,
Test &
Evaluation
14%

Under tiden är Kina rationell och agerar klokt som Amerika en gång gjorde under Roosevelt (eller till och med kalla kriget) dagarna och bygger globala allianser. Det finns inga lobbyister i Kina, och de fattar rationella beslut för sina långsiktiga säkerhets– och kommersiella intressen.

Vi borde modernisera militären helt inför morgondagens krig, inte det förflutnas förhistoriska konventionella krigföring, medoffentlig–privata partnerskap precis som Franklin Roosevelt gjorde. Vi måste ha visionärer som FDR för att förbereda oss för att vinna tredje världskriget, som nu brygger, som FDR gjorde 1942 när hans vision vann andra världskriget.

Om vi inte är strategiska och kloka kommer vi inte att stå emot de moderna kinesiska försvarsetablissemangen. Diagrammet nedan visar att USA knappt spenderar några pengar på den futuristiska FoU (forskning och utveckling) som krävs för att överleva draken. Om vi inte är försiktiga och strategiska, kommer vår hökaktiga militära äventyrlighet och exceptionalism att förödmjuka oss i mittenrikets bakgård. Vi utkämpar morgondagens krig med gårdagens strategi och vapen.

12. Digitala strategier och den transformativa färdplanen:

För att lyckas måste vi insupa andan i en omfattande storslagen strategi.

Storslagen strategi inkluderar ett unnande av normens kraft (moralisk rättfärdighet), himmel, jord (fysiska miljöer), ledarskap, och slutligen, metod och disciplin (bedömning av militär förmåga, relativ maktpotential).

När alla element har gått samman kan en stat dra nytta av en storslagen strategi för framgång.

Adapterat från Sun Tzu's Krigskonsten (cirka 476–221 f.Kr.)

Under Roosevelts första 100 dagar som president skapade han alfabetsbyråerna, även kända som "New Deal"–byråerna. Minst 69 byråer skapades under Roosevelts många mandatperioder som en del av "New Deal". Det finns tre grenar av regeringen, och den verkställande grenen kontrollerar de flesta av de federala myndigheterna. Under den verkställande grenen finns det 15 verkställande avdelningar och cirka 254 underorgan. Kongressen etablerade också omkring 67 oberoende byråer och mer än ett dussin mindre styrelser, kommissioner, och kommittéer.

Trädet ruttnar från rötterna. Korrupta termiter infekterar nu de flesta av dessa grenar av den amerikanska regeringen och 1800-talets underliggande byråer. Analytikern James A. Thurber uppskattade att antalet arbetande lobbyister var nära 100 000, och att denna korrupta industri införde 9 miljarder dollar årligen[70]. Det är mer än BNP (2018) i över 50 länder under FN:s flagga. På senare tid har lobbyverksamheten ökat och "gått under jorden" när lobbyister använder "alltmer sofistikerade strategier" för att dölja sin verksamhet. Även rättvisa är också till salu genom miljontals mörka pengar kampanjbidrag[71]. Domen från Högsta domstolen i januari 2010 utlöste en kolossal våg av kampanjutgifter som var utomordentligt oetiska och korrupta vilken omdömesgill standard man än antar. Wall Street spenderade rekordhöga 2 miljarder dollar på att försöka påverka presidentvalet i USA år 2016. Lobbyverksamhet är en fin juridisk form av mutor eller utpressning, och i alla andra delar av världen kallas det korruption.

Det nuvarande byråkratiska systemet har alltid tjänat sitt syfte, särskilt för ett sekel sedan under de välmenande Roosevelt ledarna. Tyvärr har många välmenande organisationer blivit djupa statliga grodor i ormoljeträsket[72] i Washington, D.C. Vilka är våra strategier och vår politik, med tanke på att den senaste tidens geopolitiska och ekonomiska katastrofer i grunden försvagade många av dessa system? Har vi en vision och strategisk färdplan för att möta denna föränderliga världsordning? Vi lever i en ny flerdimensionell era där många tidigare urgamla regler behöver omvandlas till en digital världsordning för 2100-talet.

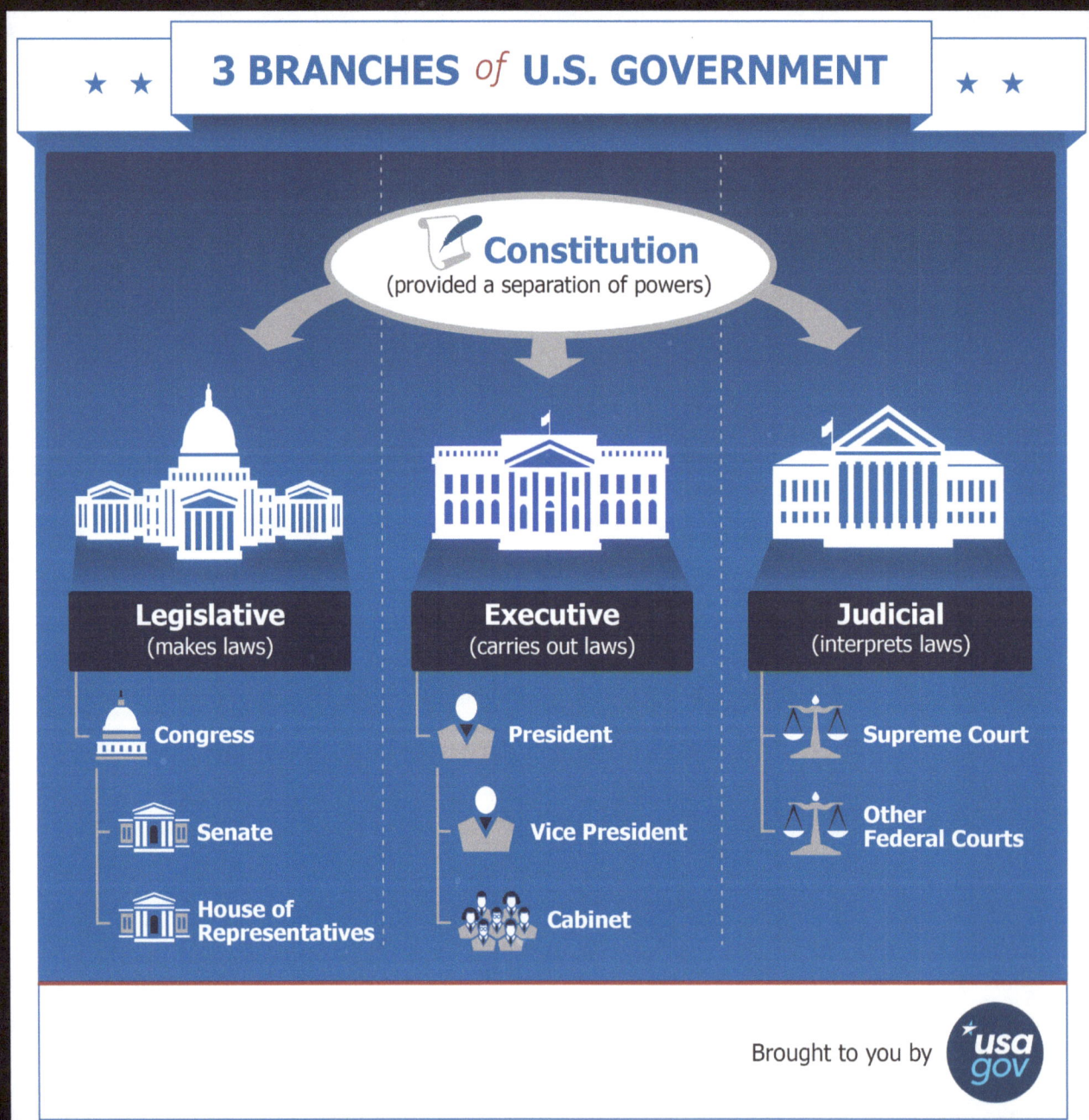

★ ★

3 BRANCHES *of* U.S. GOVERNMENT

Constitution
(provided a separation of powers)

Legislative
(makes laws)

Executive
(carries out laws)

Judicial
(interprets laws)

Congress

Senate

House of Representatives

President

Vice President

Cabinet

Supreme Court

Other Federal Courts

Brought to you by **usa gov**

> *"Om din fiende är säker på alla punkter, var beredd på honom. Om han är i överlägsen styrka, undvik honom. Om din motståndare är temperamentsfull, försöka irritera honom. Låtsas vara svag, så att han kan bli arrogant. Om han tar det lugnt, ge honom ingen vila. Om hans styrkor är enade, separera dem. Attackera honom där han är oförberedd, visa dig där du inte förväntas".*
>
> Sun Tzus Krigskonsten (cirka 476–221 f.Kr.)

Kina är den enda motståndskraftiga forntida civilisationen att falla fyra gånger och studsa tillbaka varje gång. Sedan det första opiumkrigets kejserliga nedgång (1839 till 1842), och den förödmjukelse som följde med det, har varje kinesisk ledare försökt återerövra förlorade glanser hemma och utomlands. Visionen om det kinesiska kommunistpartiet (CCP) är ingen hemlighet: Xi Jinping är fast besluten att göra Mellanriket stort igen. Den centrala motparten använder sig av "geoteknologiska" strategier och policys. Kina leder vägen till Global Överhghet genom den multibiljondollar nya sidenvägen (Belt and Road Initiative (BRI) och Digital Silk Road (DSR)), med avsikt att kolonisera Asien, Mellanöstern, Afrika, och Europa. BRI erbjuder Kinas långsiktiga strategiska skifte kring avancerad teknik och militära intressen genom en omfattande handelsinfrastruktur för kinesiska produkter. Dessa element inkluderar 5G telekommunikation, robotik, artificiell intelligens (AI), och maritim teknik för försvarsintressen.

I stället för extrem finansingenjörstaktik måste vi fokusera på långsiktiga värdeingenjörsstrategier. Värdeingenjörsvetenskap bör vara ambitionen för en "lysande stad på en kulle" Finansiell rikedom är bara en förprodukt. Min generation har svikit ungdomarna. De är dåligt förberedda för den digitala eran och saknar STEM förmågor grovt. Vi måste överge strutssyndromet att begrava våra huvuden i sanden och inse den föränderliga dynamiken i den globala världsordningen. Om vi inte gör det kommer digitala drakar som Huawei, Alibaba, Tencent, och Baidu att forma världen. Kina kommer att se till att dessa drakar lämnar sitt fotavtryck i länder som är ekonomiskt koloniserade av Mittenriket.

I dagens populistiska miljö kommer det att bli utmanande för USA att hitta ledare som Roosevelt trion som kan vända dess nedgång. Jag hoppas att det blir mindre traumatiskt, varigenom vi accepterar verkligheten lika graciöst, som britterna gjorde när de lämnade över stafettpinnen till oss, snarare än att glida in i dunkel.

"Steve Hilton: Många säger att Kina vill ersätta USA som supermakt…, Tror du att det är deras avsikt?"
Trump: "Ja, det gör jag. Varför skulle det inte vara så? De är väldigt ambitiösa människor. De är väldigt smarta. De är fantastiska människor. Det är en fantastisk kultur".

Fox News intervju (05–19–19)

EPILOG

"Högsta excellensen är att vinna utan att slåss, inte decimera varje motståndare du möter. Eftersom förstörelse uppenbarligen inte är ditt mål och seger är, att lämna saker intakt maximerar dina vinster och hjälper dig att laga dina staket med din motståndare".

Sun Tzus Krigskonsten (cirka 476–221 f.Kr.)

www.Tiger-Rider.com

World External Debt to China (2017, Direct Loans)
(Source: Data based on CHINA'S OVERSEAS LENDING, Sebastian Horn, Carmen Reinhart and Christoph Trebesch(KIEL WORKING PAPER NO. 2132))

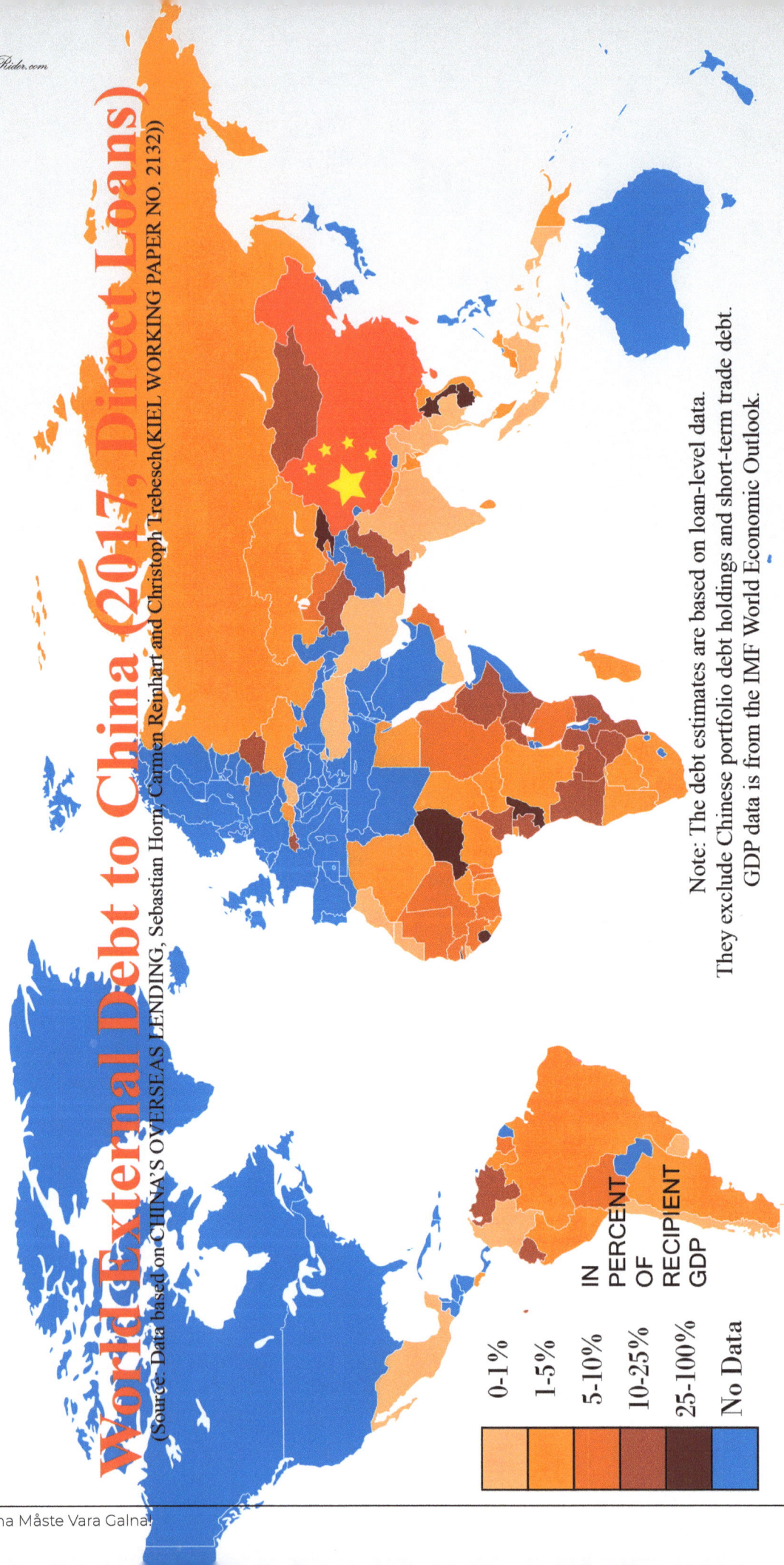

Note: The debt estimates are based on loan-level data.
They exclude Chinese portfolio debt holdings and short-term trade debt.
GDP data is from the IMF World Economic Outlook.

IN
PERCENT
OF
RECIPIENT
GDP

- 0-1%
- 1-5%
- 5-10%
- 10-25%
- 25-100%
- No Data

Korten har blivit utdelade, och om vi inte spelar vårt trumfkort snart kommer Kina att skicka sina le-gosoldater för att samla in vägtullarna från USA och de nära 100 länder som den har ekonomiskt och digitalt koloniserat sedan den finansiella tsunamin år 2008.

COVID–19 har avslöjat våra brister; även enligt presidentens försvarsproduktionslag hålls vi gisslan i Kina för våra 3M tillverkade ansiktsmasker och nödvändig personlig skyddsutrustning (PPE).

Den amerikanska ekonomin som Roosevelt byggde var cirka 40 % (1960) av världens BNP (Bruttona-tionalprodukt). Den har sjunkit till mindre än 15 % i offentlig–privata partnerskap, medan Kina snabbt ökar sin andel till över 20 %. Tack vare sin reservstatus bedrivs fortfarande 79,5 % av all världshandel i amerikanska dollar. Med vår extrema finansteknik har vi slösat bort vår goodwill. Om vi inte tar oss samman, och snabbt, kommer våra imperium och företagsamhetsdagar att äventyras.

Nu är det inte rätt tid att bygga en mur runt vårt elfenbenstorn och riskera att fångas upp i utmät-ningshelvetet. Ingen singel enväldig person kan ta itu med de flerdimensionella utmaningarna och den exponentiella nedåtgående spiralen till följd av svarta svanar i "New Normal" (det Nya Normala). Snarare än unilateralism är det dags att förfina våra mjuka färdigheter, nå ut till resten av mänsk-lighetens 96 % och omarkitektera vår Noahs Företagsamhetsark som Roosevelt trion gjorde när de ledde oss fram till vägen att bli en supermakt för ett sekel sedan.

Om vi misslyckas med detta kommer vissa extremvänster populister att tillgripa kommunism (den mer eller mindre jämlika omfördelningen av rikedomar), och de flesta från högern kommer att bli fascistmiliser (enväldig statskontrollerad kapitalism). Överlevnaden av amerikanskt företagande har blivit sammanflätad med uppkomsten och fallet av dess sponsrande gudfar, det amerikanska impe-riet. Vi har bevittnat detta under de senaste fyra århundradena med de största företagen, som de holländska (~10 biljoner dollar) och de brittiska (~5 biljoner dollar) de östra Indien företagen. Tyvärr kommer många företagsdinosaurier som utövar extrem finansteknik att falla offer för immateriella rättigheter (mestadels från Kina).

Vi måste lära oss av Roosevelt trion, som arkitekterade vår stora kapitalistiska grund som har varat i tre fjärdedelar av ett sekel. Vi måste leda koalitionen att upprätta nya "Marshallplaner" för att rädda de länder som Kina ekonomiskt och digitalt har koloniserat innan det är för sent.

Den grundläggande arkitekturen bör ligga till grund förföljande:

1. Ledarskap
2. STEM utbildning (naturvetenskap, teknik, ingenjörsvetenskap och matematik)
3. Forskning och strategisk teknik
4. Arkitektur för infrastruktur
5. Digital arkitektur
6. Kunskapshantering
7. Diplomati
8. Guldstandard i världsvaluta
9. Elektro–dollar
10. Finansiellt kapital
11. Säkerhet
12. Transformativa digitala storstrategier och förordningar

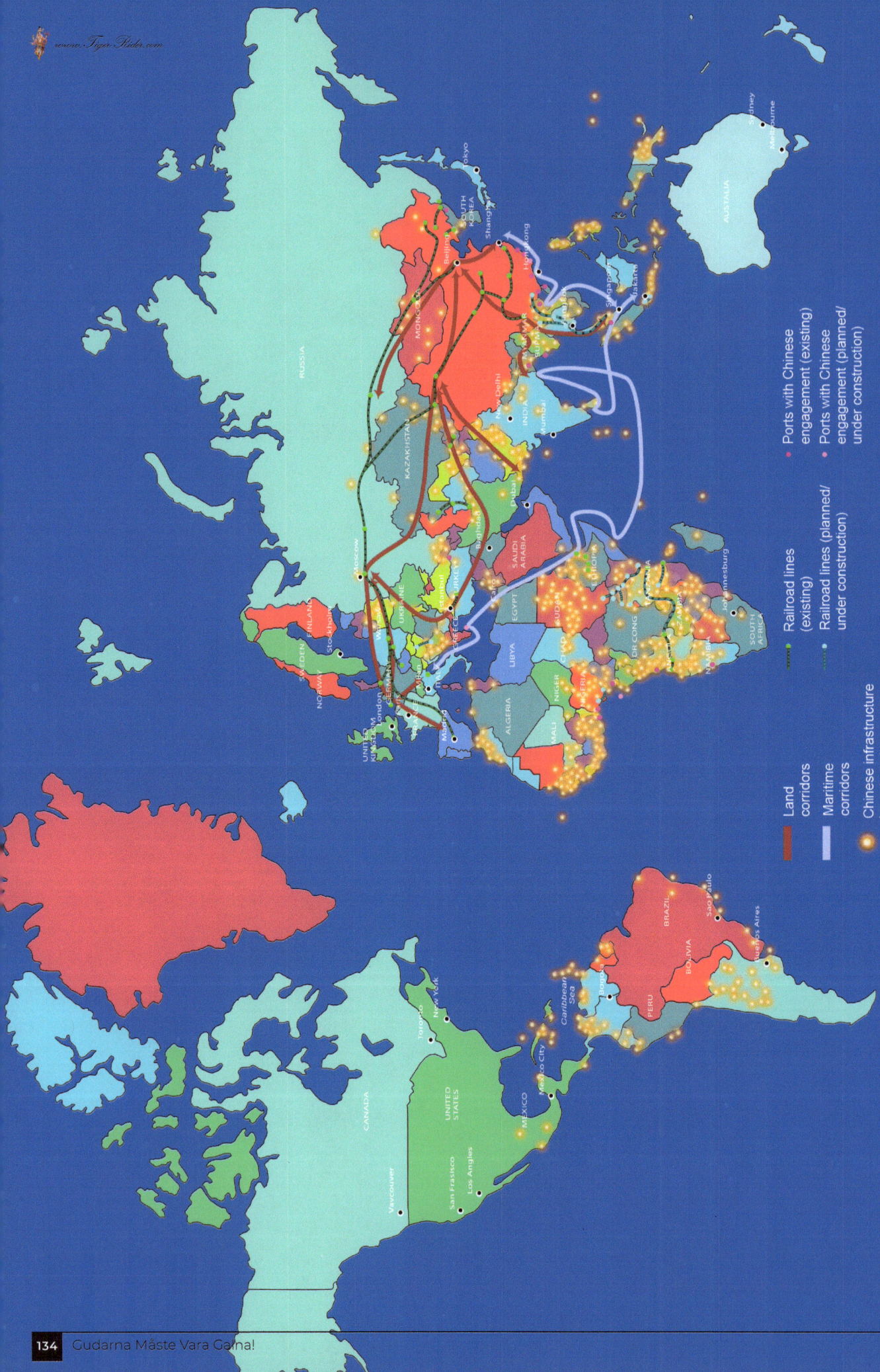

Jag är en kontrarian som förutspådde den ekonomiska tsunamin 2008, vilket var relativt lätt med tanke på att den var mest USA–centrerad. Den här gången är situationen mycket mer glupsk och flerdimensionell med COVID–19 och civil oro som fungerar som svart–svan globala generationstektoniska skiften. Jag hoppas att jag har fel i min analys den här gången. Jag vidarebefordrar denna forskning och analys till dig för att utmana mitt unika perspektiv och stresstesta det.

Hittills har USA gett otroliga gåvor till Mellanriket genom vår extrema finansteknik och kvävning av den gyllene gåsen (förrådande sina lönsamma företag för några självviska dollarbonusar). Om vi inte planerar **2100-talets Digitala Ålder Nya Normala Noahs Företagsamhetsark**, förutser jag en framtid som efterliknar det fjärde riket[73], fungerande som slavar för *Mannen i Det Höga Slottet*[74], påminnande av Netflix Dokumentären *American Factory*[75] (*Amerikansk Fabrik*).

Ja! Det är halvtid, Amerika[76]!

The Gods Must be Crazy!
US vs China Competitiveness Dashboard
(Representative Example scores)

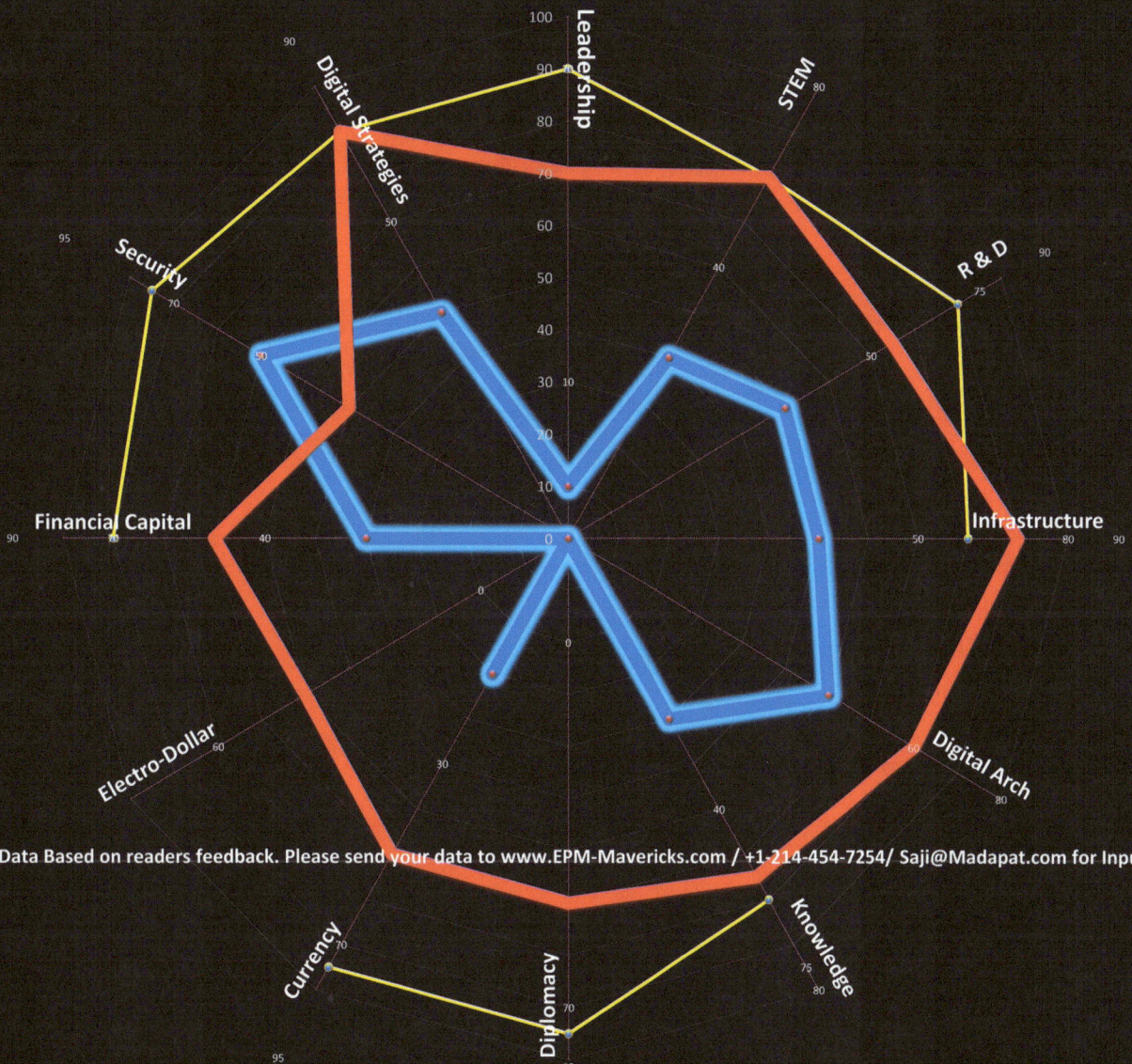

Data Based on readers feedback. Please send your data to www.EPM-Mavericks.com / +1-214-454-7254/ Saji@Madapat.com for Input

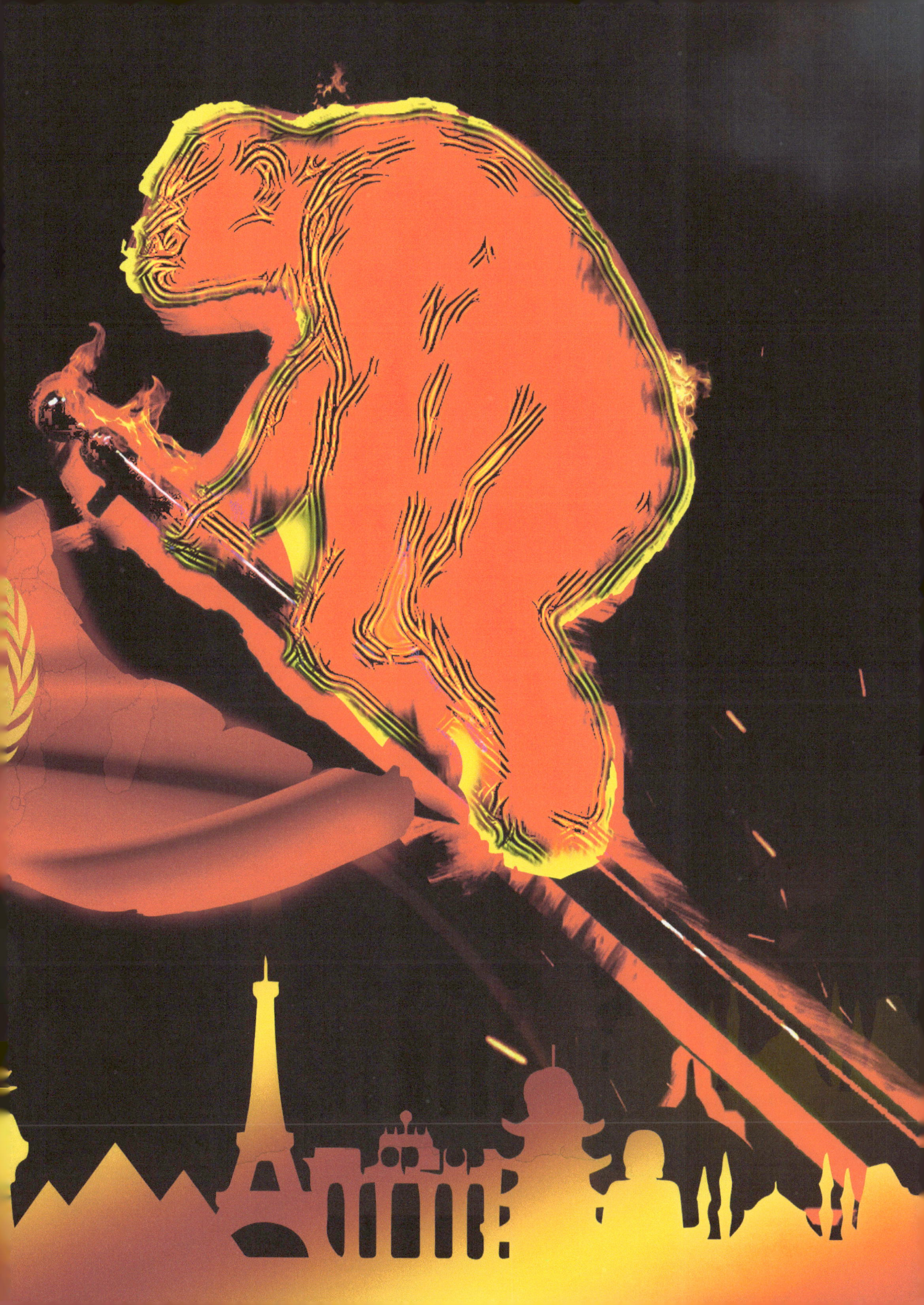

Ay Yi Yai Yi! We are in the middle of The New World Order!

OM FÖRFATTAREN
EN KORT HISTORIA OM MINA NOMADISKA ÅTERINKARNATIONER

★ ★

> *"Att slåss och erövra i alla våra strider är inte högsta excellens; högsta excellens består i att bryta fiendens motstånd utan att slåss".*
>
> Sun Tzus Krigskonsten (cirka 476–221 f.Kr.)

Jag är född och uppvuxen i Guds eget land, Kerala, ett tropiskt paradis i Indien. I Kerala är vi anhängare av St. Thomas, aposteln, utbildade av kristna missionärer som fördes med av kolonisatörer från Portugal, Frankrike, och Storbritannien. Kerala har många unika rekord, till exempel en modell COVID–19 återhämtningsgrad som är högre än de flesta västerländska länderna. Kerala är den första platsen där kommunister blev demokratiskt valda till makten i världshistorien, och har styrt sedan 1957. Den resulterande industriöknen som kommunismen förde med sig tvingade mig att packa ihop mina väskor efter att ha tagit min industriingenjörsexamen (med inriktning mot total kvalitetshantering) och söka ett jobb i Bombay (Indiens kommersiella huvudstad, numera kallad Mumbai).

Jag insåg snart att mina utsikter bortom fabriksgolvet begränsades av min mörka hud (som en *lungi*–bärande Kala Madrasi). Rädd för min framtid flydde jag söderut för att undkomma den rasistiska professionella stegen. Jag fick min MBA (Master's utbildning i företagsekonomi) i finans som kandidat för nationell integration. Lyckligtvis för mig, kollapsade hela den indiska ekonomin 1990 under tyngden av den 500 år gamla mäktiga indiska licensen Raj. Resultatet blev en liberaliserad indisk ekonomi. Tidpunkten var oklanderlig, eftersom det gav mig möjlighet att börja min karriär som en investeringsbankanalytiker. Lyckan log mot mig igen när Indiens börskrasch 1996 möjliggjorde det för mig att komma ut ur min investeringsbankskarriär.

Indien tog den socialistiska vägen och under 1970-talets konflikt med Pakistan utlyste de undantagstillstånd. På grund av Pakistankriget och andra alliansfria länder, surnade USA och Indiens förhållande, och IBM övergav Indien. Tack vare vakuumet (som alltid vill fyllas), föddes TCS och andra indiska IT–konglomerat ur desperation. De kodade oss i IT för att kickstarta de äldre datorer och stordatorer som IBM hade lämnat efter sig. Tack vare den största blundern i affärshistorien (Y2K) såg IBM och de andra västerländska företagen oss ('*Cyber Coolies*') som den sparsamma lösningen för att fixa domedags Armageddon koden.

Under denna tid lyckades jag migrera från företagsfinansiering till ERP –lösningar (Enterprise Resource Planning) och plockade upp mitt pass till kapitalismens symbol, USA. År 2000 blev dock de (Nederländerna–baserade) BaaN Brothers inblandade i den nederländska skandalen, och det #3 ERP–systemet (BaaN) som jag red blev en död häst.

Sedan dess har jag tillbringat över ett decennium som volontär för PMI. Jag har etsat mitt namn på PMI:s nyckelstandarder (inklusive PMBOK, OPM3, PP&PM, etc.), tack vare mina PMI–papper, publikationer, och böcker (särskilt Project Portfolio Management Standard). Jag tjänade till och med på Gartners PPM styrelserumspanel. Jag blev senare en av de tre PM Metodologi SME:s (Subject Matter Experts = ämnesexperter) på E&Y (Ernst & Young). År 2008, mitt i den ekonomiska tsunamin, fungerade jag som rådgivare till CFO (Chief Financial Officer = verkställande ekonomichef) kontoret, inrättade Project Portfolio Management Office för ett Fortune 10 Världens Mest Beundrade Företag. Jag sparade dem runt en halv miljard dollar, men jag blev offer för min kortsiktiga finansingenjörskonst. Jag lyckades dra nytta av 90–talets arv Hyperion Enterprise och gick vidare till den flotta världen av en CFO:s produktsvit för mer framstående finansingenjörsvetenskap i BIG4 konsultvärlden.

År 2009 packade jag mina väskor för att åka till kambodjanska djungler på jakt efter svar från pyramidens botten genom Chinese GIFT (Global Institute for Tomorrow)[77] – ett Clinton Global Young Executive Leadership Program (YLP). Ju mer jag granskade finansvärlden i väst, desto mer desillusionerad blev jag. Jag förlorade tron på berg– och dalbanorna på flashmarknader. 90 % av dagens aktiemarknad utan långsiktiga grundläggande värden jagar aktieåterköp, Tweets, QE[78], de heta dollarna, och högfrekventa algoritmiska flashspel av BOTs. Tack vare Hernando de Soto, föddes jag på nytt till The Mystery of Capital Gospel (mysteriet av kapitalgospeln). Sedan 9/11 har jag vunnit några dollar på att satsa mot den konventionella västerländska marknadens visdom genom att satsa i Petro China[79] och Total[80].

Efter att ha återvänt från vildmarken och de kambodjanska dödsfälten[81], återuppväckte jag min karriär igen och blev en EPM–konsult (Enterprise Performance Management) efter den ekonomiska tsunamin 2008 i BIG4 världen. Jag tjänade 95 % av mitt nettovärde mellan 2008 och 2011 genom att satsa mot konventionell visdom. När hela världen dränktes, utnyttjade jag extremt några av de mest ikoniska fastigheterna i världen, som var på Fire-Sale (snabbförsäljning). Jag har en hel del blod på mina händer med tanklös EPM Finansiell Ingenjörskonst genom flott jargong (också känd som kostsparande), som Skatt Effektiv Försörjningskedjechef (TESCM), Business/Finans/IT Transformation, BPR, Six Sigma och Prissättande och Lönsamhetstrategi.

För att gröntvätta min skuld hade jag den fantastiska äran att volontärarbeta för den mest omfattande Professionella Ideella Organisationen på över ett decennium (PMI [Project Management Institute]), som betjänar ~3 miljoner yrkesverksamma, inklusive över 500 000 medlemmar i 208 länder runt om i världen. Jag har bidragit till ett halvt dussin böcker och ~50 publikationer/presentationer. Jag är engagerad i flera Årets Företagare (EOY) Utmärkelser på Ernst & Young.

Tyvärr, efter över två decennier, ser det ut som om jag måste rida tillbaka genom Mad Max fury redemption road och klättra genom apokalypsmassorna från Roosevelts kapitalistiska nostalgiska era.

ÖDMJUK BEGÄRAN ATT RECENSERA MIN BOK

★★★

*Jag hoppas att du tyckte om att läsa den här boken. Jag skulle vilja höra från dig och ödmjukt be dig att ta några minuter att publicera en recension på Amazon. Din feedback och stöd kommer avsevärt att förbättra mitt skrivhantverk för framtida böcker och göra den här boken ännu mer berömvärd. Detta är ett levande manuskript och kommer kontinuerligt att utvecklas baserat på din konstruktiva visdom (**direkta kontaktuppgifter @ www.Epm-Mavericks.com**). Tack på förhand!*

Förkortningar

★ Immateriella rättigheter (IP)
★ Initiativ för bälte och väg (BRI)
★ Digital Sidenväg (DSR)
★ Sakernas Internet (IoT)
★ Mellanriket (Kina)
★ Ett bälte, en väg (OBOR)
★ Asiatiska investeringsbanken för infrastruktur (AIIB)
★ Köpkraftsparitet (PPP)
★ Bruttonationalprodukt (BNP)
★ Black Lives Matter (BLM)
★ George Floyd upplopp (FLOYD)
★ Kommittén för politiska åtgärder (PAC)
★ Träsk (Washington DC)
★ Fusioner och Förvärv (M&A)
★ Facebook, Amazon, Apple, Netflix och Google (FAANG)
★ Global Institute for Tomorrow (GIFT – https://global–inst.com/learn/)
★ Naturvetenskap, teknik, ingenjörsvetenskap och matematik (STEM)
★ Skatte effektiv hantering av försörjningskedjan (TESCM)
★ Robotautomation i molnet (BOT)
★ Outsourcing av affärsprocesser (BPO)
★ Kinesiska kommunistpartiet (CCP)
★ Franklin D. Roosevelt (FDR)
★ Theodore Roosevelt (TR)
★ Organisationen för ekonomiskt samarbete och utveckling (OECD)
★ Artificiell intelligens (AI)
★ Trans–stillahavspartnerskapet (TPP)
★ Samhälle för global interbank finansiell telekommunikation (SWIFT)
★ Speciellt ändamålsfordon (SPV)
★ Blockchain Service Network (BSN)
★ Ny utvecklingsbank (NDB)
★ Gränsöverskridande interbankbetalningssystem (CIPS)

Konstbilder som Används i Den Här Boken

Theyyam, "Gudarnas dans": Keralas lycksaliga tillstånd har en större rikedom av kulturella traditioner än någon annan del av världen. Theyyam är "Gudarnas dans". Den flamboyanta dansen innehåller element och ritualer från de förhistoriska tidsåldrarna. Det finns cirka 456 typer av Theyyam (theyyakkolams) och utförs i norra Malabar–regionen i Indien, som är min hemregion.

https://www.tiger-rider.com/Client-Galleries/Rhodes/
https://en.wikipedia.org/wiki/Theyyam

Thrissur Puram
The Festival of Festival's in God's own Country

Thrissur Puram, Festival av Festivaler: Thrissur (Indiens kulturhuvudstad) är min hemstad i Indien – Det är där jag tillbringade 4 Purams medan jag studerade ingenjörsvetenskap. Jag har alltid drömt om att titta noga på Puram – men det brukade vara en omöjlig dröm bland Lakhs deltagarna varje år. Slutligen fick jag en–gång–i–livet Devine tillgång till Rostrum på Divine Durbar (gästpass utfärdat av Trichur samlare), obegränsad tillgång (media pass) till allt av både Thiruvambadi & Parammekkavu Devaswom.

https://www.tiger-rider.com/Client-Galleries/Puram/
http://en.wikipedia.org/wiki/Thrissur_Pooram

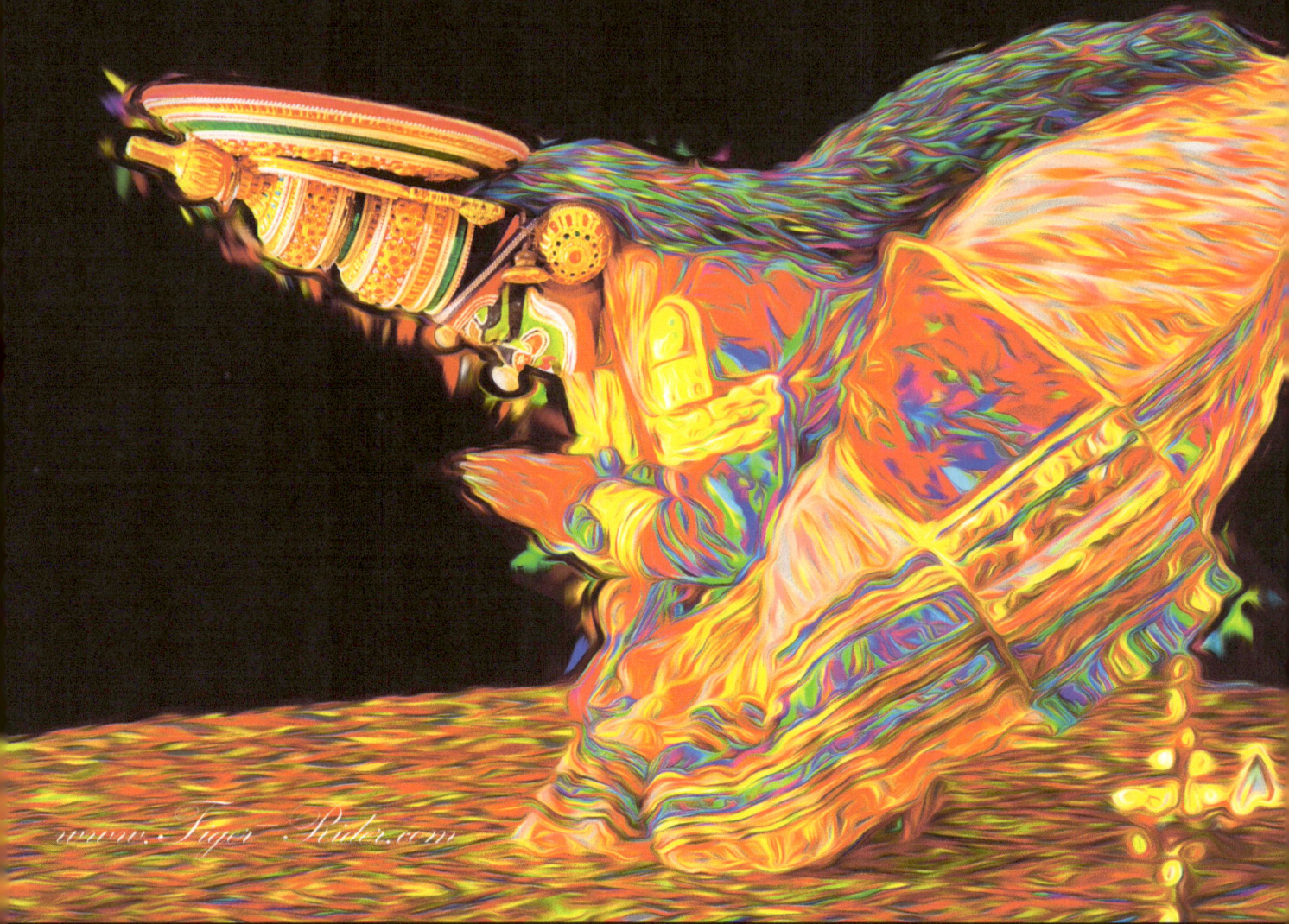

Kathakali, Konsten av storyberättelse: Kathakali (Malayalam: കഥകളി) är en stor form av klassisk indisk dans. Det är en "sagolek" konstgenre, men en som utmärks av omsorgsfullt färgglad sminkande, kostymer, och ansiktsmasker som de traditionellt manliga skådespelare–dansare bär. Kathakali är en hinduisk föreställningskonst i den malayalam–talande sydvästra regionen i Indien (Kerala).

https://www.tiger–rider.com/Client–Galleries/KathakaliICCT/
https://en.wikipedia.org/wiki/Kathakali

(**Original Framsidesbild Källa**: FDR Porträtt och president Donald J. Trump tar upp sina kommentarer under ett D-Day Nationell Kommemorativ Evenemang onsdagen den 5 juni 2019 på Southsea Common i Portsmouth, England. (Officiellt foto från Vita huset av Shealah Craighead))

(**Original Baksidesbild Källa**: President Donald J. Trump håller upp ett exemplar av The Washington Post under 2020 års nationella bönefrukost torsdagen den 6 februari 2020 på Washington Hilton i Washington, D.C. (officiellt foto från Vita huset av Joyce N. Boghosian))

ENDNOTES

1. Chiraq är ett smeknamn för Chicago, Illinois. Den kombinerar orden Chicago med Irak och används för att hänvisa till vissa våldsamma områden i Chicago, som att likna dem med en krigszon. https://www.dictionary.com/e/slang/chiraq/#:~:text=Chiraq %20is %20a %20nickname %20for,likening %20them %20to %20a %20warzone

2. Inom statsvetenskapen beskriver termen bananrepublik ett politiskt instabilt land med en ekonomi som är beroende av export av en begränsad resursprodukt, såsom bananer eller mineraler. https://www.theatlantic.com/politics/archive/2013/01/is-the-us-on-the-verge-of-becoming-a-banana-republic/267048/

3. 'Boarding up' är processen att installera brädor på fönster och dörrar på en fastighet för att skydda den från stormskador, för att skydda oanvänd, ledig eller övergiven egendom och/eller för att förhindra obehörig åtkomst av husockupanter, plundrare eller vandaler. https://www.wbez.org/stories/protest-art-has-covered-boarded-up-businesses-will-it-be-preserved/e3db8017-a6ba-4dde-9bc3-3d17f6ee5392

4. Under de senaste 5000 åren har Kina varit känt under många olika namn, men det mest traditionella namnet som Kina har använt för att hänvisa till sig själv är Zhonggou som betyder Mellanriket (eller ibland översatt som Centrala Kungariket). http://www.learnmartialartsinchina.com/kung-fu-school-blog/why-is-china-called-the-middle-kingdom/#:~:text=Throughout %20the %20last %205000 %20years,sometimes %20translated %20as %20Central %20Kingdom)

5. https://www.britannica.com/place/Third-Reich

6. Nederländska Ostindiska Kompaniet, namngivet av United East India Company, Nederländska Vereenigde Oost-Indische Compagnie, är ett handelsföretag som grundades i den Holländska Republiken (nuvarande Nederländerna) i 1602 för att skydda statens handel i Indiska oceanen och för att hjälpa till i det nederländska självständighetskriget från Spanien. https://www.pbs.org/wgbh/roadshow/stories/articles/2013/1/7/dutch-east-india-company-worlds-first-multinational/

7. Ostindiska Kompaniet var ett engelskt företag bildat för exploatering av handel med Öst- och Sydostasien samt Indien. Inkorporerat av kunglig charter den 31a december, 1600, startades det som en monopolistisk handelsenhet så att England kunde delta i den östliga indiska kryddhandeln. https://www.bbc.co.uk/programmes/n3csxl34

8. New Deal var en serie av program, offentliga arbetsprojekt, finansiella reformer och förordningar som antogs av president Franklin D. Roosevelt i USA mellan 1933 och 1939. De svarade på behov av lättnad, reform och återhämtning från den stora depressionen. https://www.fdrlibrary.org/great-depression-new-deal

9. https://www.npr.org/sections/codeswitch/2013/08/26/215761377/a-history-of-snake-oil-salesmen

10. Den globala finanskrisen 2008 är ett av de vanligaste exemplen på en ekonomisk tsunami. Subprime-bolånemarknaden i USA fungerade som en utlösande faktor i detta fall, där stora investmentbanker (IBs) missberäknade riskbeloppet i vissa skuldinstrument med säkerhet. https://www.investopedia.com/terms/e/economictsunami.asp#:~:text=The %202008 %20global %20financial %20crisis,in %20certain %20collateralized %20debt %20instruments.

11. Skuldfälladiplomati beskriver diplomati baserad på skulder som gjorts i de bilaterala förbindelserna mellan länder med ett ofta påstått negativt uppsåt. Även om termen har tillämpats på utlåningsmetoderna i många länder och Internationella valutafonden, är den för närvarande oftast associerad med Folkrepubliken Kina. https://foreignpolicy.com/2020/03/23/china-coronavirus-belt-and-road-bri-boost-debt-diplomacy/

12. 'Belt and Road Initiativet', tidigare känt som 'One Belt One Road' eller OBOR för kort, är en global strategi för infrastrukturutveckling som antogs av den kinesiska regeringen i 2013 för att investera i olika länder och internationella organisationer. https://www.oecd.org/finance/Chinas-Belt-and-Road-Initiative-in-the-global-trade-investment-and-finance-landscape.pdf

13. Marshallplanen (officiellt det europeiska återhämtningsprogrammet ERP) var ett amerikanskt initiativ som antogs 1948 för utländskt bistånd till Västeuropa. https://history.state.gov/milestones/1945-1952/marshall-plan

14 "Digital Silk Road" (DSR) introducerades 2015 av ett officiell kinesiskt regerings vit (öppet) papper, som en del av Pekings Belt and Road Initiative (BRI). I åratal har det varit mindre et identifierbart set av projekt än ett varumärke för praktiskt taget alla telekommunikationer eller datarelaterad affärsverksamhet eller produktförsäljning av Kina-baserade teknikföretag i Afrika, Asien, Europa, Latinamerika eller Karibien – hem till de över 100 "BRI-länderna". https://carnegieendowment.org/2020/05/08/will-china-control-global-internet-via-its-digital-silk-road-pub-81857

15 The Thousand Talents Plan (TTP) (kinesiska: 千人计划; pinyin: Qiān rén jìhuà) eller Thousand Talents Program (kinesiska: 海外高层次人才引进计划; pinyin: Hǎiwài gāo céngci réncái yǐnjìn jìhuà) grundades 2008 av Kinas centralregering för att erkänna och rekrytera ledande internationella experter inom vetenskaplig forskning, innovation, och entreprenörskap. https://www.hsgac.senate.gov/imo/media/doc/2019-11-18 %20PSI %20Staff %20Report %20- %20Chinas %20Talent %20Recruitment %20Plans.pdf

16 En expatriat (utlandsstationerad – ofta förkortad till expat) är en person som bor i ett annat land än sitt hemland. https://www.merriam-webster.com/dictionary/expatriate

17 https://itif.org/publications/2020/06/22/new-report-shows-unfair-chinese-government-support-huawei-and-zte-has-harmed

18 I rysk kultur är kompromat, förkortning för "komprometterande material", skadlig information om en politiker, en affärsman, eller andra offentliga personer som används för att skapa negativ publicitet, liksom för utpressning och framtvingande. https://www.newyorker.com/news/swamp-chronicles/a-theory-of-trump-kompromat

19 Efter att ha inrättat beachheads i Asien, Europa och Afrika driver Kinas AI-företag nu in i Latinamerika, en region som den kinesiska regeringen beskriver som ett "grundläggande ekonomiskt intresse". Venezuela debuterade nyligen ett nytt nationellt ID-kortsystem som loggar medborgarnas politiska tillhörighet i en databas byggd av ZTE. I en dyster ironi, så har i åratal kinesiska företag försökt sälja många av dessa övervakningsprodukter på en säkerhetsmässa i Xinjiang, uigurernas hemprovins. https://www.theatlantic.com/magazine/archive/2020/09/china-ai-surveillance/614197/

20 https://www.theatlantic.com/magazine/archive/2020/09/china-ai-surveillance/614197/

21 https://www.brookings.edu/opinions/the-aiib-and-the-one-belt-one-road/

22 https://en.wikipedia.org/wiki/List_of_countries_by_GDP_(PPP)

23 https://www.heritage.org/defense/commentary/chinas-defense-spending-larger-it-looks

24 https://youtu.be/2J9y6s_ukBQ

25 https://www.nytimes.com/2018/01/18/us/politics/trump-border-wall-immigration.html

26 https://fee.org/articles/the-medical-cartel-is-keeping-health-care-costs-high/#:~:text=Though %20few %20Americans %20realize %20it %2C %20health %20care %20is %20a %20monopoly.,-Cartels %20Protecting %20Doctors&text=Cartels %20Protecting %20Doctors-,Both %20directly %20or %20indirectly %2C %20the %20AMA %20also %20controls %20the %20prices,payment %20policies %20of %20insurance %20companies.

27 https://www.oecd-ilibrary.org/education/education-at-a-glance-2018_eag-2018-en

28 https://educationdata.org/international-student-enrollment-statistics/

29 https://www.oecd.org/pisa/pisa-2015-results-in-focus.pdf

30 https://www.sentencingproject.org/wp-content/uploads/2015/11/Americans-with-Criminal-Records-Poverty-and-Opportunity-Profile.pdf

31 https://www.sentencingproject.org/wp-content/uploads/2015/11/Americans-with-Criminal-Records-Poverty-and-Opportunity-Profile.pdf

32 https://www.marketwatch.com/story/airlines-och-boeing-want-a-bailout-but-look-how-much-they-spent-on-stock-buybacks-2020-03-18

33 https://www.marketwatch.com/story/airlines-och-boeing-want-a-bailout-but-look-how-much-they-spent-on-stock-buybacks-2020-03-18

34 https://www.imf.org/external/pubs/ft/fandd/2019/09/tackling-global-tax-havens-shaxon.htm

49 Namnet på denna bok kommer från komedifilmen "The Gods Must Be Crazy" [Gudarna Måste Vara Galna] från 1980, där en tom Coca-Colaflaska kastas ut från ett flygplan till ett samhälle av afrikanska bushmän. Flaskan tolkas som en gåva från gudarna, men efter att den leder till strider bland byborna bestämmer sig stamledarna för att återlämna flaskan till gudarna genom att ha en av byns äldre resa till världens ände för att kasta flaskan över kanten. Genom min egen metaforiska Colaflaska kan jag se början på ett nytt imperium. Denna bok fungerar som ett testamente till mina åsikter om att återställa det nuvarande imperiet (kapitalism och företagsamhet) innan det är för sent. https://www.rottentomatoes.com/m/the_gods_must_be_crazy

50 https://global-inst.com/

51 https://www.history.com/topics/cold-war/the-khmer-rouge

52 https://en.wikipedia.org/wiki/Snake_wine

53 https://www.cato.org/cato-journal/winter-2018/against-helicopter-money

54 https://www.investopedia.com/terms/g/gordon-gekko.asp

55 https://www.investopedia.com/terms/q/quantitative-easing.asp

56 https://youtu.be/8iXdsvgpwc8

57 "Triple talaq", som det kallas, tillåter en man att skilja sig från sin fru genom att upprepa ordet "talaq" (skilsmässa) tre gånger i någon form, inklusive e-post https://en.wikipedia.org/wiki/Divorce_in_Islam

58 https://en.wikipedia.org/wiki/List_of_countries_by_GDP_(PPP)

59 https://www.whitehouse.gov/presidential-actions/memorandum-order-defense-production-act-regarding-3m-company/

60 https://www.theatlantic.com/education/archive/2018/09/why-is-college-so-expensive-in-america/569884/

61 https://www.theregister.com/2021/08/20/china_5g_progress/

62 https://www.mckinsey.com/business-functions/organization/our-insights/getting-practical-about-the-future-of-work

63   https://www.swift.com/sites/default/files/documents/swift_bi_currency_evolution_infopaper_57128.pdf

64   https://data.worldbank.org/indicator/CM.MKT.LDOM.NO?end=2018&locations=US&start=1996

65   https://watson.brown.edu/costsofwar/papers/2021/ProfitsOfWar

66   Saudi Sovereign-Wealth Fund köper andelar i Facebook, Boeing, Cisco Systems – WSJ

67   https://www.whitehouse.gov/briefing-room/presidential-actions/2021/09/03/executive-order-on-declassification-review-of-certain-documents-concerning-the-terrorist-attacks-of-september-11-2001/

68   https://en.wikipedia.org/wiki/Charlie_Wilson_%27s_War_(film),   https://www.pbs.org/wgbh/frontline/film/bitter-rivals-iran-and-saudi-arabia/,   https://en.wikipedia.org/wiki/Syriana,   https://www.pbs.org/frontlineworld/stories/r4.html   https://www.pbs.org/independentlens/films/shadow-world/

69   https://www.wsj.com/articles/saudi-sovereign-wealth-fund-buys-stakes-in-facebook-boeing-cisco-systems-11589633300

70   https://en.wikipedia.org/wiki/Lobbying_in_the_United_States

     https://www.american.edu/spa/ccps/upload/thurber-testimony.pdf

71   https://www.brennancenter.org/our-work/analysis-opinion/how-campaign-spending-judicial-elections-subverts-justice

72   https://en.wikipedia.org/wiki/Snake_oil

73   https://www.britannica.com/place/Third-Reich

74   https://www.rottentomatoes.com/tv/the_man_in_the_high_castle/s01

75   https://www.rottentomatoes.com/m/american_factory

76   https://youtu.be/8iXdsvgpwc8

77   https://global-inst.com/

78   https://www.investopedia.com/terms/q/quantitative-easing.asp

79   http://www.petrochina.com.cn/ptr/index.shtml

80   https://www.total.com/

81   https://www.history.com/topics/cold-war/the-khmer-rouge

ERKÄNNANDEN

Jag vill uttrycka min tacksamhet till alla som gav mig konstruktiv kritik och hjälpte mig från fortsatt misslyckande genom tre decennier av förvrängda realiteter. Särskilt tack till alla dem som gav mig olika perspektiv, inklusive Fox News, PBS, Real Vision, FT, HBR, Bloomberg, Ray Dalio, Hernando de Soto, Chamath Palihapitiya, Charlie Rose, GIFT (www.global–inst.com)...